갑을관계의 정의론

: 공화주의적 관점

갑을관계의 정의론

공화주의적 관점   조계원 지음

정치연구총서 05

● REC

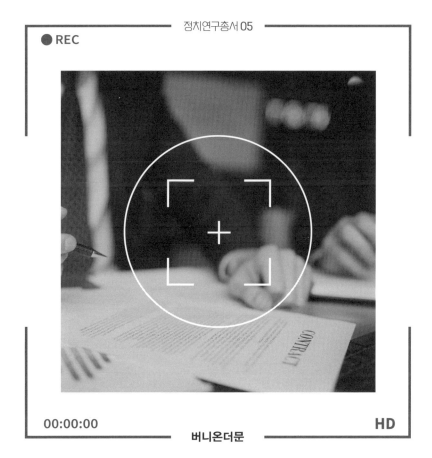

00:00:00   HD

버니온더문

이 책의 목적은 공화주의 사상/이론의 '지배'(domination) 개념을 한국 사회의 갑을관계 문제에 적용해 이에 내재된 부정의를 이론적·경험적으로 분석하는 것이다. 공화주의도 여러 갈래가 있는데, 이 책에서는 모든 시민이 공적·사적 권력의 지배에 노출되어 있지 않을 때 자유롭다고 보고, 이러한 '비지배 자유'(liberty as non-domination)를 평등하게 향유할 수 있는 정치·사회적 조건을 형성하는 데 관심을 두는 사상적·이론적 입장을 따르고 있다. 퀜틴 스키너, 마우리치오 비롤리, 필립 페팃 등과 같은 정치철학자들이 그 토대를 마련했는데, 신공화주의(Neo-republicanism)로 불리기도 한다. 현재는 경제 민주화, 일터 민주주의, 다문화 수용과 이주, 장애, 교육, 혐오표현, 형법과 사법제도, 지구적 정의, 온라인 플랫폼과 인공지능 등 다양한 영역에서 개념이 적용되어 분석이 이뤄지고 있다.

공화주의 이론은 물질적 평등을 위한 분배적 정의를 추구하기보다는 사회적 관계에서 행위자 간의 권력의 차이가 초래할 수 있는 지배 가능성을 줄여 시민들이 동등한 정치적 자유를 향유하는 것을 일차적 목적으로 한다. 필자는 공화주의 이론의 문제의식이 한국 사회의 갑을관계 문제에 잘 적용된다고 보았다. 갑을관계는 주로 갑이 우월적 지위를 이용해서 부당한 영향력을 행사하거나 불공정 행위를 할 가능성이 존재하기 때문에 문제가 되며, 2013년 이후 '갑질'에 대한 대중적 분노가 폭발적으로 증가하면서 사회적 이슈로 부상했다. 갑을관계에 대한 불만은 갑과 을 사이에 불평등한 상호작용 방식이 자리 잡고 있어서 그러한 관계에 속한 사람들이 지속적인 불안에 노출되는 현상과 관련이 있다. 공급업자-대리점, 가맹본부-가맹점, 오너/CEO-피고용인, 상급자-하급자, 임대인-임차인 등 다양한 갑을관계 유형에서 유사한 문제가 나타난다. 이러한 관계에서 나타나는 권력의 남용 가능성으로 인한 해악은 지배 개념을 통해 살펴볼 때 그 특징과 해법을 더 잘 파악할 수 있다.

공화주의자들은 지배 상황에 놓인 개인이나 집단은 실제적인 간섭을 받지 않아도 자유의 축소를 경험할 수 있음에 주목한다. 자유에 대한 이러한 해석은 우리의 직관과 충돌하는 면이 있다. 일반적으로 우리는 타인에게 간섭받지 않는 선택의 범위가 넓을 때 자유롭다고 생각하기 때문이다. 그러나 공화주의 입장에서 보면 단순히 현재 지닌 선택지의 범위(선택지의 양)가 아니라 선택지의 범위에 대한 통제권(선택지의 질)이 중요하다. 현재 내가 이용할 수 있는 선택지의 범위가 넓다고 하더라도, 이것이 언제든지 다른 사람에 의해 축소될 수 있는 것이라면 그러한 선택지를 안정적으로 자유롭게 누리고 있다고 말할 수 없다. 불평등한 상호작용 관행이 자리 잡고 있는 갑을관계라고 하더라도 어떤 경우에는 을이 아무런 문제를 겪지 않을 수도 있다. 갑이 그러한 관행을 따르지 않는 좋은 사람인 경우가 대표적이다. 그러나 이것은 우연한 행운일 뿐이다. 언제든 갑의 마음이 바뀌면 횡포를 겪을 수 있기 때문에 불안을 간직한 자유일 뿐이다. 실제로 자신이 '갑질'을 당하지 않더라도, 언제든 이를 당할 수 있다는 점에서는 동일하다. 불평등한 상호작용 관행을 없애고, 권력 남용을 예방할 때만 진정한 자유를 누리고 있다고 말할 수 있는 것이다.

갑을관계는 일반적으로 다음과 같은 특징을 지닌다. ① 갑을관계는 일정한 사회적 관계를 맺고 있는 개인이나 집단을 뜻한다. ② 갑을관계에서 갑은 지위나 권력상의 우위에 있기 때문에 을의 의사와 관계없이 자신이 원하는 것을 관철할 수 있는 일정한 능력을 가지고 있으며, 갑과 을은 이를 공통적으로 인식하고 있다. 이때 갑과 을 사이의 사회적 권력이 고정되어 있지 않아서, 이들 사이의 관계가 뒤바뀌는 경우가 생길 수도 있다. ③ 관계에 대한 의존도가 을이 갑보다 크기 때문에 을은 생계와 같은 자신의 기본적인 이익을 지키기 위해 어쩔 수 없이 갑의 자의적인 권력 행사를 수용해야 하는 입장에 놓여 있다. 갑은 자신이 지닌 권력을 실제로 행사할 수도 있고, 그렇지 않을 수도 있다. ④ 갑을관계에서는 직간접적으로

갑을관계의 정의론

착취가 발생할 가능성이 크다. 갑은 자신이 지위나 권력상의 우위에 있고, 을이 자신에게 대항하기 어렵다는 사실을 알고 있어서 자신의 권력을 남용해도 괜찮다고 여기기 때문이다. 이 책에서는 이러한 특징들을 지배 개념으로 분석하고(1장과 2장), 구체적인 갑을관계 사례에 적용하고 있다(3장과 4장). 전자가 정치이론적 분석이라면, 후자는 규범적 정책 분석에 해당한다. 정치이론적 분석은 필자가 번역한 프랭크 러벳의 『지배와 정의에 관한 일반이론』(2019)에 많은 부분을 의지하고 있다. 공화주의의 지배 개념을 체계적이고 정교하게 개념화하고 있는데, 이론적 차원에 관심이 있는 독자는 함께 읽으면 좋다. 3장과 4장의 분석은 필자가 쓴 논문("직장 내 괴롭힘 방지와 일터 민주주의: 공화주의적 시각", 『민주주의와 인권』 제19권 2호; "'갑을' 관계와 젠트리피케이션: 공화주의 이론의 '지배' 개념을 중심으로", 『인문과학연구』 제43집)에서 주요 내용을 가져왔다.

이 책은 2017년 대한민국 교육부와 한국연구재단의 지원을 받아 수행된 연구(NRF-2017S1A3A2066657)다. 계획했던 시간보다 많이 늦어졌지만, 이 책을 통해 지난 몇 년간의 연구를 정리할 수 있었다. 책을 출간할 수 있는 기회를 주신 권혁용 선생님과 연구를 격려해주신 고려대 정치연구소 선생님들께 감사드린다. 이 책의 많은 내용은 2019~2020년 〈정책의 규범적 분석〉, 〈현대정치철학〉 수업에서 학생들과 토론하는 과정에서 나온 것이다. 흥미로운 질문을 던져주고, 현실의 다양한 사례에 대해 발표해준 학생들 덕분에 이론과 현실이 만나는 지점에 대해 조금 더 깊게 고민할 수 있

었다. 함께한 시간에 대한 추억과 감사를 이 책을 통해 전하고자
한다.

2024년 2월

조계원

정치연구총서 05

정치연구총서 05

CONTENTS

정치연구총서 05

1장
갑을관계와 지배

왜 갑을관계가
문제인가?

      다세대 주택에 세 들어 사는 A는 전세 임대 계약이 6개월 남아 있는데 집주인이 전셋값을 올려달라고 하지 않을까 하는 걱정에 전전긍긍 지내고 있다. 집주인은 자신이 이제까지 경험한 집주인 중에서 가장 친절하고 좋은 사람이다. 그래서 관리비가 다른 집에 비해 비싸다고 생각했지만 아무 말도 하지 못했다. 위층에 사는 주인집 손주가 밤늦게까지 쿵쾅거리는 일이 잦은데도, 주인집에 불평 한번 하지 못했다. 가지고 있던 돈과 대출을 받아 어렵사리 집을 구했는데, 혹여나 주인의 심기를 건드릴까 걱정되어서다. A는 한 달 수입으로 세 가족이 살아가기 빠듯해서 지난 4년간 목돈을 만들지 못했다. 주변 직장 동료들이 오른 전셋값을 마련하느라 힘들어하거나, 직장에서 더 떨어진 곳으로 이사하는 모습을 보면 남 일 같지 않다. 2년 임차계약이 끝난 후 계약갱신청구권을 이미 한 차례 사용했는데, 혹시나 지난 4년 치 인상분을 한꺼번에 올려달라고 하지 않을까 하루하루가 불안의 연속이다. 집주인에게 조심스레 계약 갱신에 대해 얘기를 꺼내니 생각해보고 알려주겠다고 말한다.

이 사례에서 A와 집주인 간에 부정의가 존재한다고 할 수 있을까? A가 자신은 부정의를 겪고 있다고 여기고, 이러한 상황에 대해 분노한다면 이는 타당하다고 볼 수 있을까? A는 집주인에게 부당함이나 불편함을 호소할 수 있음에도 불구하고 스스로 불안함을 느껴서 그렇게 하지 않은 것일 뿐이며, 집주인은 A에게 특정한 행위를 해서 불이익을 주지 않았다(비싼 관리비는 **부동산 계약 전에 합의된 것이다**). 법적으로도 임대인은 임대차 기간이 끝나기 2개월 전까지만 갱신 거절 의사나 계약조건 변경을 알려주면 된다. 또한 집주인이 전셋값을 인상하면 A는 이를 부담하거나 다른 집으로 이사하는 것을 선택할 수 있고, 이는 자연스러운 부동산 시장 거래의 일부일 뿐 집주인이 A에게 부정의를 행사했다고 말할 수는 없다. 이렇게 보면 그의 분노는 타당하지 않다고 여겨진다.

그러나 A의 불안함은 집주인이 결정을 미뤄둠으로써 자신의 미래를 예측할 수 없다는 사실에서 비롯된다. 집주인은 A의 의사와 상관없이 자신의 뜻대로 결정할 수 있으며, 이러한 집주인의 결정에 따라 A의 미래는 일방적으로 달라질 수 있다. 인상된 전셋값을 감당할 수 없으면, A는 새로운 집을 알아보고 이사해야 하는 추가적인 시간과 비용을 감당해야 한다. A에게는 선택지가 있지만, 현재보다는 암울한 선택지일 가능성이 크다. 이러한 상황에 직면하지 않길 원하기 때문에 A는 집주인에게 잘 보이기 위해 아무런 불만의 목소리를 내지 못했고, 이를 통해 더 나은 주거환경을 누릴 수 있는 기회를 스스로 박탈했다. 이러한 관점에서 보면 둘 간의 관계에는 부정의가 내재한다고 볼 수 있다.

고졸 출신의 B는 한 회사에 계약직으로 취직해서 일했다. 회사 내의 잡다한 업무를 담당하면서 야근이 잦았지만, 월급은 150만 원도 되지 않았다. 계약할 당시에는 집안 형편이 너무 안 좋아서 일단 아무 일이나 하면서 경력을 쌓는 게 필요했다. 2년 계약이었고, 회사 측은 계약 종료 후 업무 성과가 좋으면 정규직으로 계약을 전환해 주겠다고 얘기했다. 이 말을 믿고 성실히 근무했지만, 계약 기간이 끝나자 회사는 근무태도 불량이라는 이유로 정규직 전환을 거부했다. 회사에 찾아가 억울함을 호소하자 회사 측 관리자는 계약서를 내밀며 이렇게 말했다.

"우리는 당신과 계약한 대로 이행했을 뿐입니다."

B는 회사와의 관계에서 자유를 누렸다고 할 수 있을까? 부당함을 토로하는 B에게 누군가 이렇게 반박한다.

"이 계약은 누가 억지로 시켜서 한 일이 아니라 당신이 원해서 한 것입니다. 계약을 맺는 당사자들은 그 과정에서 계약의 내용에 관해서도 결정을 내릴 수 있습니다. 따라서 당사자가 계약 내용을 받아들이기로 동의했다면, 이에 근거해 행사되는 조치는 부당하다고 볼 수 없으므로 그에 따른 책임은 본인이 감당할 몫입니다."

하지만 이 사람의 주장은 계약 당사자들이 동등한 권력을 가지고 있지 않다는 점을 간과한다. 불평등한 권력을 지닌 당사자들 간에 맺어진 계약은 권력이 적은 쪽이 감수해야 하는 불이익을 수반할 가능성이 크다. 그렇다면 당사자 간의 동의를 통해 맺어진 관계라고 하더라도 어느 한쪽이 다른 한쪽에 자의적인 권력을 행사할수 있는 경우, 그러한 관계 자체에 부정의가 수반된다고 볼 수 있기 때문에 B씨는 자유롭지 않다고 말할 수 있다.

C는 거래처 직원과의 회식이 있으니 퇴근 후 식당으로 오라는 연락을 상사에게 받았다. 회식이 끝나고 거래처 직원이 떠나자, 상사는 친목을 위해 C에게 조금 더 시간을 같이 보내자고 말했다. 평소 이 상사는 업무와 관련해 C에게 질책을 많이 했고, 정기 근무 평가를 할 시점이 다가왔기 때문에 내키지 않았지만 따를 수밖에 없었다. 이후 상사는 C를 모텔로 데려가 성관계를 요구했고, C는 두려움 때문에 이를 거절하지 못했다. 이후 C는 상사를 성폭행으로 고소했으나, 법원은 상사인 피고인이 위력을 행사해 피해자인 C의 의사를 제압할 만한 상황으로 보기 어렵다며 무죄를 선고했다.

이 가상의 판결[1]에서 법원은 상사가 직접적인 폭행이나 협박을 하지 않았고, C가 적극적인 거부 의사를 표현하지 않고 성관계에

---

1) 가상의 판결이지만 형법 제303조(업무상 위력 등에 의한 간음)가 적용된 기존 판례에 기초하고 있다. 이에 관한 자세한 논의는 김성돈(2019)을 참조했다.

응했다는 점에서 피해자의 자유의사가 완전히 제압된 상황이 아니라고 판단했을 가능성이 크다. 만약, C의 주장을 받아들이려면 불평등한 권력관계를 내재하고 있는 상하관계에서는 상급자가 자신의 권력을 실제로 행사하지 않더라도 자신의 상황을 악화시킬 수 있는 권력을 가지고 있다는 사실만으로도 하급자가 원치 않는 선택을 내릴 수 있음을 인정해야 한다. 즉 자신에게 자의적 권력을 행사할 수 있는 사회적 관계에 의존하고 있을 때, 그러한 당사자는 스스로 원치 않는 선택을 함으로써 자유의 손실을 경험한다는 것이다.

'갑'과 '을'은 원래 계약서를 쓸 때 계약 당사자를 순서대로 지칭하는 법률 용어였다. 갑을관계는 평등한 권리관계로 가정되지만, 일생생활에서는 위계적 권력관계로 이해되어 왔다. 그러한 관계의 이면에는 갑에 편중된 불평등성, 비상호성, 의존성을 내재하고 있다고 보는 것이다(이봉철 2013). 갑을관계는 시장 내의 계약적 관계에만 국한되지 않는다. 그렇게 되면 가족과 같은 사적 영역을 배제하는 문제를 초래할 수 있기 때문이다. 그러나 모든 시민을 평등한 존재로 가정하는 민주주의 사회에서도 모든 사람의 권력을 동등하게 만들 수 없기 때문에 일상의 많은 관계는 불평등한 권력관계로 이뤄져 있다. 부모와 자식의 관계, 교사와 학생의 관계, 선배와 후배의 관계, 상급자와 하급자의 관계, 사용자와 노동자의 관계, 소비자와 감정노동자의 관계 등 대부분의 사회적 관계는 권력 불균형을 안고 있지만, 이러한 모든 관계가 그 자체로 문제가 있는 것

은 아니다. 즉, 갑을관계가 갑과 을 사이의 불평등한 권력관계로
이뤄져 있기 때문에 문제라고 본다면, 이 관계에서 초래될 수 있는
부정의를 정확히 포착하지 못한 것이라고 할 수 있다. 단순히 권
력 불평등에만 주목하게 되면, 권력이 근소하게 차이가 나는 관계
에 비해 그 격차가 큰 관계가 더 부정의하다고 보게 된다. 그러나
절대적인 의존 상태에 있는 유아를 돌보는 부모-자식의 관계가 그
러한 차이가 상대적으로 적은 연인 관계보다 더 부정의하다고 단
정할 수는 없다. 우리가 갑을관계를 문제라고 생각할 때, 여기에는
권력 불평등 이외의 다른 요소가 개입되어 있는 것이다.

　앞에서 언급한 집주인과 A는 계약서상의 갑과 을, 즉 임대인과
임차인 관계를 맺고 있다. 이때 을인 A의 불안은 집주인이 A의 의
사와 상관없이 전셋값을 인상할 수 있다는 사실에서 비롯된다. 비
정규직인 B의 억울함은 사용자인 사측이 일방적으로 계약을 해지
했다는 점에 기인한다. 또한 C는 상사가 지닌 권력 때문에 원치 않
는 선택(암묵적으로 동의한 것처럼 보이지만, 자신의 실제 의사에 반하는 선택)
을 할 수밖에 없었다고 호소한다. 이러한 관계는 모두 상대적으로
많은 권력을 지닌 갑이 을에게 **자기가 하고 싶은 대로** 자신의 권
력을 행사하거나 할 수 있다는 공통점이 있다. 그 이유는 갑이 지
닌 사회적 권력이 관련된 당사자들이 공통적으로 알고 있는 효과
적인 규칙, 절차 또는 목적에 의해 효과적으로 제한되고 있지 않
기 때문이다. 갑은 일반적으로 자신의 권력을 자의적으로 행사해
도 된다고 생각하고—그럴 수 있다고 생각하지만 실제로 행사하

지 않을 수도 있다—, 을은 갑이 언제든 실제로 그럴 수 있다는 사실을 알고 있다. 이러한 공통의 인식이 갑이 권력을 남용할 수 있는 토대가 되며, 을이 불안해하고 자유롭지 못하다고 여기는 이유가 된다.

A의 집주인은 좋은 사람이기 때문에 계약을 그대로 갱신하거나 A가 감당할 수 없을 만큼 무리하게 전셋값을 올리지 않을 수도 있다. 그러나 A는 자신과 유사한 임대인-임차인 관계에서 임대인이 일방적으로 전셋값을 올리는 경우를 많이 보았고, A의 집주인도 원하면 얼마든지 그렇게 할 수 있다. 이 경우 집주인의 결정을 제한할 수 있는 효과적인 법이나 관행이 사실상 존재하지 않기 때문에 A는 그 사람의 호의에 기댈 수밖에 없다.[2] 집주인이 계속 좋은 사람이길 바라면서, 자신만은 집주인 횡포의 대상이 아니기를 소망하는 것이다. '그것이 나만은 아니기를'[3] 바라는 A의 인식에는 집주인이 얼마든지 권력을 행사할 수도 있다는 불안과 함께, 미래의 삶의 질을 마음대로 바꿀 수 있는 집주인의 결정에 자신은 무방비하게 노출되어 있다는 무력감이 깃들여 있다. 이러한 인식이 자리 잡고 있을 때 우리는 자유롭다고 생각하기 어렵다. 혹시라도 집

[2] 터무니없이 높게 전셋값을 인상하게 되면 집이 나가지 않을 가능성이 크므로 부동산 시장 가격의 제한을 받는다고 볼 수도 있지만, 집주인은 손해를 감수하면서도 얼마든지 시장 가격 이상을 요구할 수 있고, 집주인들 간의 담합을 통해 시장 가격을 왜곡할 수도 있다. 또한 개인의 성품은 쉽게 바뀌지 않기 때문에 선한 성품인 집주인이 A에게 유리하게 결정할 것이라고 예상할 수도 있지만, 사람의 마음은 언제든 사소한 이유에서도 바뀔 수 있기 때문에 이는 신뢰하기 어렵다.

[3] 이는 구병모(2015)의 소설집 「그것이 나만은 아니기를」의 제목에서 가져온 것이다.

주인과의 관계가 틀어지게 되면 아쉬운 것은 다른 집을 구해야 하는 자신이다. A가 주인에게 밉보일까 봐 눈치를 살피며 행동하는 것은 집주인과의 관계에서 떠나게 될 때의 객관적·주관적 비용이 많이 든다고 여기기 때문이다. A는 자기 삶에서 중요한 재화(주거)를 제공하는 현재의 사회적 관계에 의존하고 있어서 이를 쉽게 떠날 수 없는 상황에 처해 있는 것이다. 원하지 않았지만, 정규직 전환을 위해 잦은 야근을 감내해야 했던 B, 근무 평가를 앞두고 내키지 않았지만 상사의 요구에 따를 수밖에 없었던 C도 유사한 상황에 있었다고 볼 수 있다.

그렇다면 우리가 사회정의 측면에서 초점을 맞춰야 하는 갑을관계는 단순히 불평등한 권력관계가 아니다. 이 책에서 주목하는 대상은 '상대적으로 적은 사회적 권력을 지닌 행위자(을)가 자신에게 자의적으로 권력을 행사할 수 있는 상대방(갑)에게 의존하고 있는 사회적 관계'다. 이러한 관계에 놓인 을은 불안과 무기력 속에서 살아가면서, 자신에게 불리한 일을 겪지 않기 위해 상대방의 눈치를 보면서 스스로 알아서 자신의 사회적 재화를 상대방에게 넘겨주거나 상대방의 부당한 요구를 수용할 가능성이 크다. 그래서 자신은 노예와 같이 자유롭지 못하다고 여기게 된다.

실제로 '갑질'을 경험한 많은 사람들은 자신의 처지를 '현대판 노예'에 빗대는 경우가 많다. '갑질'은 갑을관계의 '갑'에 좋지 않은 행위를 뜻하는 접미사 '질'을 붙여 만든 신조어로, 사회적으로 유리한 위치에 있는 개인이나 집단인 갑이 실제로 자신의 권력을 이용해서 을을 부당하게 대우하는 것을 비난하는 의미를 담고 있다. 이 말은 대략 2013년 전후로 공론장에 등장하기 시작해서, 그 사용이 폭발적으로 증가했다. '갑질'은 이전부터 존재해왔던 갑을관계 문제를 사회적으로 공론화시킨 대중적인 용어라고 하겠다. '갑질'에 대한 공분은 유사한 갑을관계하에서 '나도 언제든 비슷한 일을 당할 수 있다'는 을들의 공감에 기초하고 있다. 즉, 을의 분노는 다양한 갑을관계에서 언제든 '갑질'이 일어날 수 있으며, 이러한 상황이 부정의하다는 인식을 담고 있다고 하겠다.

갑을관계는 왜 문제인가? 갑을관계는 언제든 '갑질'이 일어날 수 있다는 점에서 문제다. 갑을관계는 갑이 지닌 비대칭적 권력이 제한되지 않고 부당하게 작용해서, 을의 행위나 조건을 통제하고 악화시킬 수 있는 취약성을 안고 있다. 갑을관계가 지닌 특징을 조금 더 구체화하면 다음과 같다.

첫째, 갑을관계는 일정한 사회적 관계를 맺고 있는 개인이나 집단을 뜻한다. 이 말은 어떤 개인이나 집단이 다른 개인이나 집단과 맺는 사회적 관계에서 발생하는 불평등한 상호작용에 초점을 맞추고 있다. 구체적인 행위자를 규명하기 어려운 사회구조적인 불평등을 '갑질'이라고 부르지는 않는 것처럼, 갑을관계는 사회구조적인 문제를 직접적으로 가리키지 않는다—그러나 사회구조적인 문제가 이러한 관계의 배경 조건으로 작용할 수는 있다.

둘째, 갑을관계에서 갑은 지위나 권력상의 우위에 있으므로 을의 의사와 관계없이 자신이 원하는 것을 관철할 수 있는 일정한 능력을 가지고 있으며, 갑과 을은 이를 공통적으로 인식하고 있다.[4] 이때 갑과 을 사이의 사회적 권력이 고정되어 있지 않다는 점에 주의해야 한다. 특정한 조건에서는 이들 사이의 관계가 뒤바뀌는 경우가 생길 수도 있다. 또한 갑이 을보다 더 많은 사회적 권력을 가지고 있다고 해서, 을의 모든 행위를 완벽히 통제할 수 있는 것은 아니다. 갑과 을은 비대칭적인 의존 상황에 있지만 갑도 을에게 의존하고 있는 측면이 있기에, 을이 이러한 취약성을 이용해 갑에게 불이익을 안겨줄 수도 있다.

셋째, 관계에 대한 의존도가 을이 갑보다 크기 때문에 을은 생계와 같은 자신의 기본적인 이익을 지키기 위해 어쩔 수 없이 갑의 자의적인 권력 행사를 수용해야 하는 입장에 놓여 있다. 갑은 자신이 지닌 권력을 실제로 행사할 수도 있고, 그렇지 않을 수도 있다—'갑질'을 할 수도 있고, 그렇지 않을 수도 있다. 전자의 경우, 을은 자신이 이용할 수 있는 선택지들을 제거, 대체, 왜곡할 수 있는 갑의 행위를 통제하거나 이에 대항할 수 있는 효과적인 방편을 가지고 있지 않다(대항할 수 있는 법이나 절차가 없거나, 있다고 하더라도 이를 이용하는 데 드는 비용이 너무 많이 들어서 사실상 무의미한 경우다). 후자의 경우라면, 이는 단지 운이 좋았던 것일 뿐 갑의 자의적인 권력 행사를 감내해야 하는 조건이 달라진 것은 아니다. 실제 권력의 행사에만

---

4) 갑이 을을 세뇌시키거나 선택지를 조작해서, 을이 이를 인식하지 못하고 있을 가능성도 존재하므로 공통의 인식이 발생하지 않는 상황—을이 권력의 작용을 인지하지 못하는 상황—을 완전히 배제하는 것은 아니다. 그러나 갑이 을을 완벽하게 통제하는 것은 심각한 지적 장애를 가지고 있는 경우가 아닌 이상 불가능하므로, 이들 간의 관계에서 시간이 지남에 따라 드러날 수밖에 없다.

초점을 맞추게 되면, 후자의 경우에도 자유의 측면에서는 달라진 것이 없다는 점을 간과하게 된다.

넷째, 갑을관계에서는 직간접적으로 착취가 발생할 가능성이 크다. 갑은 자신이 지위나 권력상의 우위에 있고, 을이 자신에게 대항하기 어렵다는 사실을 알고 있으므로 자신의 권력을 남용해도 괜찮다고 여긴다(을의 행위를 통제하고 있다는 갑의 인식). 이러한 인식을 바탕으로 갑은 을이 자발적으로 제공하려는 사회적 재화보다 많은 양을 추출할 수 있다. 앞의 사례에서 사측은 B가 재계약을 원하기 때문에 자신들이 추가로 야근을 요구한다고 하더라도 B가 이를 거부하기 어렵다는 사실을 알고 이를 사실상 강요한다. 이 과정에서 B는 주어진 임금과 노동조건하에서 자신이 제공해야 한다고 생각하는 수준 이상의 추가적인 노력을 제공하게 된다. 또한 을은 자신의 불리한 상황 때문에 갑의 호의나 자비에 기댈 수밖에 없어, 갑의 눈치를 보거나 비위를 맞추려는 태도를 보인다(자신의 취약성에 대한 을의 인식). 그래서 자발적으로 자신이 지닌 사회적 재화를 추가로 제공하거나 희생할 가능성이 크다. A는 스스로 위층의 소음을 감수하고, B는 사측의 눈에 들기 위해 야근을 자청하는 것이다.

이러한 특징들이 나타나는 사회적 관계를 공화주의자들은 '지배'로 규정했다. 이들은 자유를 '지배가 없는 상태'로 보고, 이러한

'비지배 자유'를 증진해야 한다고 주장했다.[5] 다음 절에서는 지배 개념과 갑을관계의 관련성을 살펴보고, 사회정의 측면에서 모든 갑을관계가 아니라 '지배를 수반하는 갑을관계'에 초점을 맞춰야 함을 주장한다.

5) 이 책에서는 '비지배를 증진하는 것'과 '지배를 최소화하는 것'을 동일한 의미로 번갈아가며 사용한다. 자기 삶에 대해 자율적으로 합당한 계획을 세우고 이를 성취하는 것은 좋은 삶을 살기 위한 중요한 선(goods) 중 하나이며, 상당한 정도의 비지배를 향유하는 것―피할 수 있는 지배가 최소화된 조건에서 살아가는 것―은 이를 위한 중요한 조건이 된다. 지배는 인간 번영을 가로막기 때문에 사회정의 차원에서 피할 수 있는 지배를 줄여야 하는 의무가 존재한다고 본다(Lovett 2019, 151–155).

어떤 갑을관계가
문제인가?

　　앞 절에서 문제를 지닌 갑을관계를 '상대적으로 적은 사회적 권력을 지닌 행위자(을)가 자신에게 자의적으로 권력을 행사할 수 있는 상대방(갑)에게 의존하고 있는 사회적 관계'로 정의했다. 이러한 관계를 공화주의 전통에서는 지배로 규정해왔는데, 이를 따르면 '갑이 을을 지배한다'고 표현할 수 있다.

　지배의 어원은 로마법에 뿌리를 두고 있다. "집(*domus*)의 주인"을 뜻하는 고대 라틴어인 도미누스(*dominus*)는 이후 도미니움(*dominium*)으로 법적 용어가 되었으며, 재산 소유자가 보유한 것 또는 재산 소유자가 자신이 소유물을 무제한적으로 향유할 권리를 뜻했다(Lovett 2019, 279). 당시 노예는 법적으로 집주인의 소유물이었으므로, 일차적으로 지배는 주인과 노예의 관계를 가리켰다. 제삼자의 간섭을 받지 않고 주인이 노예에게 어떤 일이든 할 수 있었으며, 그러한 행위가 사회적으로 승인되었다(김현경 2015, 38-39). 여기서 자유 시민과 노예 상태를 대비시키는 정치적 의미가 파생되었다. 자유로운 시민을 의미했던 리베르(liber)의 반대말은 노예라는 뜻의 세르부스(servus)였다. 공화주의 전통에서는 자유를 노예 상태의 반대로 규정하고, 타인의 자의적 의지에 노출되어 그 사람의 처분에 따라 살아가는 것을 중대한 해악으로 간주했다(Pettit 1997, 31-35).

이처럼 주인과 노예의 관계가 지배의 대표적인 사례로 여겨졌는데, 노예가 가장 관대하고 성품이 훌륭한 주인을 섬기더라도 주인을 모시고 있는 한 자유롭지 않다고 보았다는 점이 중요하다(Pettit 2019, 83). 인자하고 관대한 주인을 만난 노예(A)의 처우는, 그렇지 않은 다른 노예(B)보다 나을 수 있다. 그러나 전자가 후자보다 더 자유롭다고 할 수 있느냐는 질문에 공화주의자는 '그렇지 않다'고 답변한다. A와 B 모두 자기 뜻에 따라 살 수 없다는 점에서 동일한 상황이기 때문이다. 주인이 자신을 친구처럼 대하는 노예의 모습에 갑자기 불쾌함을 느끼거나 더 이상 노예를 신뢰하지 않게 되면, 언제든 A의 처우는 B와 같아질 수 있는 것이다. 그래서 공화주의자는 노예 상태에서 벗어나, 주인과 동등하게 법적으로 부여된 시민적 지위를 누릴 때만 자유롭다고 본다. 그리고 동등한 시민적 지위 혹은 시민권(civitas)은 적절한 법을 지닌 정치체제에서만 보장될 수 있으므로, 이러한 법은 시민적 자유를 침해하지 않으며 오히려 형성하는 역할을 한다고 이해한다(Pettit 1997, 35-36).

페팃은 이 둘을 '간섭 없는 지배'와 '지배 없는 간섭'이라는 명제로 정리하면서, 불간섭(non-interference) 자유의 이상을 추구하는 자유주의와 비지배 자유의 이상을 추구하는 공화주의 관점의 차이를 부각시켰다(Pettit 1997, 21-27).

지배와 간섭

구분		지배	
		있음	없음
간섭	있음	(1) 두 가지 이상에서 모두 나쁨	(2) 불간섭 자유의 관점에서만 나쁨
	없음	(3) 비지배 자유의 이상에서만 나쁨	(4) 두 가지 이상에서 모두 좋음

'간섭 없는 지배'의 경우, 갑은 실제로 간섭하지 않고도 을에게 자신의 의지를 강요할 수 있으므로 공화주의 관점에서는 자유의 손실을 가져온다고 본다. 갑은 을이 무엇을 하는지 주시하면서, 을이 자신의 구미에 맞지 않는 것을 선택할 경우에만 간섭할 수 있다. 또한 을의 행동을 감독하면서 을이 자신의 의지에 반하는 행동을 한다면 언제든 간섭할 것이라는 점을 각인시켜 실질적으로 간섭하지 않고도 자신의 의지를 따르도록 할 수 있다(곽준혁 2010, 45). 이러한 경우 간섭이 없다고 하더라도 여기서 그치는 것이 아니라 지배가 발생하는지 확인하고, 이를 줄여야 할 필요가 있다는 것이다.

'지배 없는 간섭'의 경우, 실제 간섭이 있더라도 그러한 간섭을 간섭받는 사람이 통제할 수 있다면 공화주의 관점에서는 자유의 손실을 가져오지 않는다고 본다. 손님이 음주운전을 하지 않기 위해 식당 주인에게 자동차 키를 맡기면서, 자신이 조금이라도 술을 마시면 대리 기사가 오거나 다음 날 왔을 때만 키를 돌려주길 부탁했다고 가정해보자. 술을 조금 마신 후 괜찮다고 하면서 키를 돌려달라고 손님이 요청했는데, 식당 주인은 이러한 요청을 거절함으로써 손님의 선택에 간섭할 수 있다. 그러나 이러한 식당 주인의 간섭은 손님의 자유를 축소시키지 않는다. 이는 식당 주인의 의지를 부과하는 것이 아니라, 손님이 자신의 의지를 따르도록 돕는 것이기 때문이다. 그래서 공화주의자들은 정당하다면 실제 간섭이 있더라도 자유가 손실되지 않는다고 주장한다. 국가가 헌법적 틀 내에서 민주적으로 운영되고 있다면, 법을 제정하고 세금을 부과하며 범죄행위를 처벌할 때 행사하는 국가의 간섭은 외부적인 의지(alien will)를 부과하는 것이 아니다(곽준혁 2010, 45-47).

이 두 가지 명제를 갑을관계에 적용해보자. 가령, 대학 교수와 대학원생 간의 사이에서 교수의 '갑질'이 빈번하게 발생하고 있다고 가정하자. 대학원생 A는 '갑질'을 겪고 있으며, 대학원생 B는 좋은 지도교수를 만난 덕분에 '갑질'을 겪지 않고 있고, 대학원생 C는 아직 지도교수를 정하지 않아서 '갑질'에 대해 별생각이 없다. 이 세 사람 중에서 누가 가장 자유롭다고 할 수 있을까?

간섭받지 않는 정도—불간섭 자유—로 보면, 아직 갑을관계가 형성되지 않은 C의 자유가 가장 크고, 인자하고 관대한 지도교수를 만난 B의 자유가 그다음이며, 교수에게 '갑질'을 당하고 있는 A의 자유가 가장 적다고 볼 수 있다. 그러나 지배받지 않는 정도—비지배 자유—로 보면, 세 사람의 자유는 큰 차이가 없다. A는 자신이 이용할 수 있는 선택지들을 제거, 대체, 왜곡하는 지도교수의 실제적 간섭을 받고 있다. B는 교수의 실제적 간섭을 받고 있지 않지만, 자신이 이용할 수 있는 선택지들을 제거, 대체, 왜곡할 수 있는 갑의 행위를 통제하지 못한다는 점에서 A와 차이가 없다. C는 대학원을 떠나지 않는 이상 지도교수를 정해서 관계를 맺어야 하고, 그러한 관계에 들어가게 되면 A 또는 B와 유사한 상황에 처하게 된다. 그래서 A와 달리 B와 C의 경우 현재는 아무런 간섭도 받지 않고 자유를 누린다고 볼 수도 있지만, 확고부동하게 혹은 탄력적으로 자유를 누리고 있다고 볼 수 없다. B와 C는 그러한 간섭이 다만 유예되고 있을 뿐이다.

세 사람이 확고부동한 자유를 누리려면, 지도교수와 대학원생 간의 관계에서 교수의 자의적 권력 행사—대학원생이 이용할 수 있는 선택지들을 제거, 대체, 왜곡하는 간섭의 가능성—를 막는 효과적인 외적 제한을 두는 것이 중요하다. 대학이 '대학원생 권리장전'을 제정하는 것을 예로 들 수 있다. 공정한 논문 심사를 받을 권리, 학업 및 연구와 관계가 없는 부당한 일을 거부할 권리, 지도교수 변경의 권리, 권리구제 절한 등이 규정되어 있고, 신속한 피해구제를 위한 기구가 운용될 때만, 대학원생은 어떤 지도교수를 만나든 불안이나 공포를 느끼지 않고 자유롭게 자신이 원하는 선택을 할 수 있다. 이처럼 대학원생의 목소리를 반영해서 만든 '대학원생 권리장전'은 대학원생의 자유를 보장하는 역할을 하므로 정당한 간섭이라고 할 수 있으며, 자유의 손실을 가져오지 않는다.

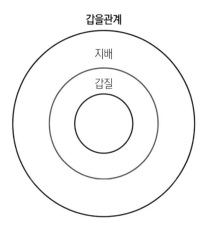

지배와 갑을관계

그렇다면 사회정의 측면에서 '갑질', 즉 실제적 간섭이 일어난 갑을관계인 A의 경우에만 초점을 맞추는 것은 지나치게 협소하다. 유사한 '갑질'이 일어날 수 있는 사회적 관계에 놓인 다른 행위자들인 B와 C가 겪는 자유의 손실—나도 그럴 수 있다는 불안에서 생기는—을 간과하기 때문이다. 또한 자칫 해당 '갑질'을 행한 주체를 비난하고 처벌함으로써 문제가 해결되었다는 잘못된 인식을 낳을 수 있다. 하지만 주목해야 하는 것은 그러한 간섭이 실제로 일어날 수 있는 배경이 되는 사회적 관계의 구조—대학 교수와 대

학원생 간의 불평등한 상호작용을 만들어내는 사회적 관계의 형태
—이며, 이러한 관계 속에서 갑이 갖게 되는 '그래도 된다'는 인식
이다. 반면, 모든 갑을관계—불평등한 권력관계를 지닌 모든 사회
적 관계—에 초점을 맞추는 것은 너무 포괄적이다. 가령 육체적 힘
의 차이를 보면, 대부분의 일상적 관계에서 이러한 힘의 차이가 존
재한다. 그렇다고 해서 그러한 관계 전부에 우리가 주의를 기울여
야 하는 것은 아니다. 그러한 힘의 차이가 가정폭력이나 데이트 폭
력으로 이어지는 경우에만 관심의 대상이 된다. 그래서 우리가 관
심을 가져야 하는 적절한 대상은 '지배를 수반하는 갑을관계'라고
할 수 있다.

지배의
개념적 정의

이제 지배 개념에 대해 조금 더 자세히 살펴보도록 하자.[6] 서양 정치이론/사상 저작에서 지배는 일반적으로 행위자나 체제가 지닌 불균형적 권력이 제한되지 않고 부정의하게 작용해서, 다른 행위자나 그들의 행위 조건을 통제하는 것을 의미한다. 지배는 일반적으로 '사회적' 권력—특정한 행위자에게 행사되는 권력—을 뜻하며, 권력 불균형이나 비대칭을 수반하고, 다양한

---

6) 국립국어원의 『표준국어대사전』에 따르면, 지배는 "① 어떤 사람이나 집단, 조직, 사물 등을 자기의 의사대로 복종하게 하여 다스림. ② 외부의 요인이 사람의 생각이나 행동에 적극적으로 영향을 미침"이라는 뜻으로 사용된다. 두 번째 의미는 "사람은 환경의 지배를 받는다"와 같이 첫 번째 의미에서 확장되어 수사적으로 사용되는 것으로 볼 수 있다. 첫 번째 의미의 경우 지배의 주체가 분명하게 드러나 있지는 않지만, 권력의 작용을 암시하고 있으며, "자기의 의사대로"라는 표현에서 권력이 부정의하게 또는 도덕적으로 정당하지 않게 사용된다는 의미를 읽어낼 수 있다. 그러나 '통치'와 유의어로 중립적인 뜻으로 사용되기도 한다.

형태를 지닌다. 이때 권력은 일정하게 제한되지 않으며, 부정의하거나 도덕적으로 정당하지 않은 형태를 지닌다고 본다(McCammon 2018).

현대 공화주의 연구의 대표적 학자인 페팃은 초기 연구에서 지배를 다음과 같이 정의한다(Pettit 1997, 52).

> "어떠한 행위자(A)는 타인(B)이 내릴 수 있는 특정 선택들에 대해 자의적으로 간섭할 수 있는 능력을 지니고 있을 때 그러한 행위자를 지배한다."[7]

이때 간섭은 간섭하는 이가 간섭받는 사람이 이용 가능한 선택지의 범위를 축소하거나(선택지의 제거), 선택지에 부여된 기대 보수를 변경하거나(선택지의 대체), 특정 선택지를 통해 얻게 되는 결과를 통제(선택지의 조작/왜곡)함으로써 선택 상황을 의도적으로 악화시키는 행위를 뜻한다. 간섭하는 사람은 권력의 비대칭 속에서 실제로 간섭할 수 있는 능력을 지니고 있으며, 간섭 여부를 자기 마음대로 결정할 수 있는 위치에 있다(Pettit 1997, 52–55). 이러한 페팃의 정의를 발전시켜, 러벳은 지배를 세 가지 필요조건으로 개념화한다(Lovett 2019, 142–143).

---

7) 최근 연구에서 페팃은 "자의적"이라는 표현을 쓰지 않고, 지배를 어떠한 행위자가 간섭받는 사람에 의해 통제되지 않고 간섭할 수 있는 상태로 정의한다(Pettit 2012, 58–59).

"A와 B라는 사회적 행위자가 사회적 관계를 맺고 있는 상황에서 ① B가 A에게 일정 정도 의존하고 있고(**의존 조건**), ② A가 B에 대해 가지는 권력이 B가 A에 대해 가지는 것보다 더 많으며(**권력 불평등 조건**), ③ 그들 사이의 사회적 관계가 A가 B에게 자의적으로 권력을 행사하는 것을 허용하는 형태로 구조화되어 있을 때(**자의성 조건**), A는 B를 지배한다고 말할 수 있다."

두 가지 정의에서 다음과 같은 특징에 주목해볼 필요가 있다. 첫째, A와 B라는 특정한 행위자(개인, 단체, 집합체) 간의 사회적 관계[8]를 개념적 범주로 삼고 있다. 둘째, 권력의 '행사'가 아니라 권력이나 능력을 '보유'한 것만으로도 지배가 발생한다고 보고 있다. 셋째, 권력관계의 '결과'가 아니라 '구조'에 초점을 맞춘다. 첫 번째 특징은 주체가 없는 구조(체제나 이데올로기 등)에 의한 지배를 이 개념에서 배제한 것이고, 두 번째 특징은 앞에서 말한 '간섭 없는 지배'라는 명제를 반영한 것이며, 세 번째 특징은 지배받는 대상이 결과적으로 괜찮은 삶—넓은 선택지를 누리는 삶—을 살 가능성을 고려한 것이다.

명확한 주체가 없는 구조에 의한 지배가 가능한지는 논쟁이 되

---

8) 사회적 관계란 둘 또는 그 이상의 행위자가 목적 의식적인 행위를 하는 과정에서 상대가 취할 수 있는 행위를 전략적으로 고려해야 하는 관계로 정의할 수 있다. 이렇게 보면 완전경쟁시장에서 구매자와 판매자는 시장 가격 형성에 영향을 주지만, 단독으로 상대의 행위에 영향을 주지 못하므로 사회적 관계를 맺고 있다고 볼 수 없다(Lovett 2019, 42~44).

는 지점이다. (신)공화주의자들은 오직 행위자(개인, 집단, 집합체)만이 지배할 수 있다고 본다. 만약 집단을 지배의 주체로 상정할 경우, 이러한 집단이 꼭 하나의 집단적 행위자로 행동해야 하는 것은 아니다. 그 집단 성원들 사이에 공유된 믿음이나 공동의 의도가 있으면 된다(List and Pettit 2011, 31–41; McCammon 2018). 가령 가부장적 사회에서 남성중심적 사고를 지닌 남성 집단은 여성을 지배한다고 말할 수 있다. 반면, 노동 공화주의자들은 구조 자체가 지배할 수 있다고 본다. 이들은 비지배 자유의 가치를 사회경제적 영역에 적용함으로써 현대 자본주의 체제의 공화주의적 변형을 추구하는 입장이다(Gourevitch 2011; 신은종 2017, 11–13). 비판이론 전통의 페미니즘 이론가들도 구조적 지배가 가능하다고 주장하며, 행위자들 간의 지배 관계에만 주목하게 되면 이러한 관계에 영향을 미치는 사회구조의 영향을 간과하게 될 수 있다고 비판한다(Young 2006, 92; Krause 2013, 49). 그러나 (신)공화주의자들은 사회체제나 이데올로기와 같은 사회구조 그 자체가 지배하는 것은 아니지만, 지배를 가능하게 하는 권력의 원천이 될 수는 있으며 자유와 직간접적으로 연관된 사회적 불평등을 만들어낼 수 있다고 반박한다(McBride 2015, 362; McCammon 2018). 이러한 논쟁의 의미를 이해하기 위해 다음의 사례를 보자.

"대학원생 ㄱ씨는 교수·연구원의 꿈을 버리고 대학원을 떠나기로 했다. 지도교수의 '갑질' 때문이다. 이 교수는 선임연구원을 '방장'으로 임명해 연구원과 대학원생의 통장을 관리하게 했다. 이후 학교에서 이 통장으로 지급한 연구비 중 일정 금액을 자신의 통장으로 입금하도록 했다. 교수는 대학원생들에게 현금으로 돈을 찾아 자신의 통장에 입금하라고 지시해 증거를 없앴다. 이 교수에게 지도받던 대학원생 10명이 모두 '연구비 갈취'를 당했다. 이 중 4명이 교수의 '갑질'을 견디지 못해 대학원을 그만뒀다. 연구비 갈취는 대학원생들에게 대대로 내려온 일종의 '전통'이었다. 대학원을 졸업하고 해외 유학을 떠나는 대학원생들도 통장에 남은 연구비를 내놔야 했다. 대학원생들은 교수 자녀의 보육·교육도 책임져야 했다. 유치원 등·하원을 시켰고, 그림일기·독후감 숙제도 맡았다. 대학생이 된 자녀의 봉사활동을 대신해 주기도 했다. 이 자녀가 대학원을 준비할 때 진학을 위한 논문 연구작업에도 동원됐다. 자기소개서와 포트폴리오도 만들어줬다. 자신의 논문을 평가하는 지도교수에게 한 번이라도 미움을 산다면 10년 이상 공부가 물거품이 되기 때문에 대학원생들은 참고 견딜 수밖에 없었다."[9]

우리가 해당 교수에게 "당신은 대학원생들을 지배하는 부정의

9) 허진무, "교수 갑질 견디다 못해 대학원 떠납니다." 《경향신문》(2019/01/08)
http://news.khan.co.kr/kh_news/khan_art_view.html?art_id=201901082124025

를 저질렀고, 당신은 이에 대해 도덕적 책임이 있습니다"라고 비판한다고 하자. 이에 대해 교수가 다음과 같이 답변한다면, 어떻게 반박할 수 있을까?

> "나와 대학원생들의 관계는 한국의 대학사회 어디에서나 볼 수 있는 것입니다. 정도의 차이는 있겠지만 다들 비슷비슷해요. 왜 제 경우만 문제로 삼는지 모르겠어요. 제가 대학원 다닐 때도 그랬습니다. 저는 대학사회의 관행대로 한 것뿐이에요. 문제가 있다면 이런 관행이겠지요. 저도 어찌 보면 이런 관행의 피해자입니다. 언론에서는 제가 대학원생들에게 개인적으로 부탁한 것만 얘기하고, 그 대가로 학생들에게 해준 것은 얘기하지 않습니다. 연구실이 잘 돌아가야 프로젝트가 생기고, 대학원생들이 실적을 낼 수 있는 기회가 생깁니다. 제 대학원생들은 세계적인 저널에 논문을 게재한 사람이 많고, 그래서 유학도 좋은 곳으로 갔습니다. 이게 학생들의 미래에 더 좋은 것 아닌가요?"

교수는 자신의 행위는 대학사회 관행의 산물이라고 주장한다. 이것은 사회구조 자체가 행위자를 지배한다는 구조주의적 시각과 연결된다. 구조주의는 구조가 개인에게 미치는 사회적 압력을 강조하기 때문에, 개인의 주체성과 자기결정 능력을 상대적으로 도외시하게 된다. 즉 인간 행위를 구조적으로 결정된 것으로 보기 때문에 어떤 목적을 이루려는 개인의 동기나 의도가 행위에 미치는 영향이 미미하다고 보는 것이다. 이것은 기술적(descriptive) 측면과 규범적 측면에서 문제를 지닌다. 교수의 말처럼 대학원생들이 겪는 지배가 오래된 대학사회의 관행에서 발생한다고 가정해보자. 그렇다면, 다양한 교수들이 대학원생에게 행한 지배는 그 정도의 차이와 상관없이 모두 그러한 관행 때문이라고 설명해야 한다. 사회구조의 영향으로 지배를 개념화하면, 이러한 차이를 구별하지 못하게 된다—대학원생들은 교수의 지배를 받지만, 그 정도는 차이가 존재한다. 또한 규범적 측면에서는 지배의 주체가 자신의 행위에 대한 도덕적 책임을 사회구조의 탓으로 돌리면서, 이를 바꾸기 위한 자신의 의무를 미룰 수 있다. 대학사회의 관행이 먼저 바뀌어야 한다고 말하면서, 이러한 관행의 유지에 기여하고 있는 자신의 책임을 방기하는 것이다. 대학사회라는 사회구조는 행위자의 이용 가능한 선택지의 범위—기회 집합—에 영향을 주기는 하지만, 그 자체로 행위자의 선택을 결정하지 않는다. 교수는 기존 관행을 따르지 않을 수 있었으므로 관행을 따른 자신의 선택에 대한 도덕적 책임을 져야 한다.

또한 교수의 행위가 지배 대상인 대학원생에게 더 큰 이익이 되었다고 하더라도, 이러한 사실이 교수의 행위를 정당화해주는 것은 아니다. 그 과정에서 대학원생은 다른 조건이라면 자신이 선호하지 않았을 행위를 해야 했기 때문이다. 이들은 교수의 지배를 받는 것과 훨씬 더 나쁘다고 여겨지는 대안—그동안 투자한 시간과 노력을 포기하고 교수를 떠나는 것— 중에서 전자를 선택했을 가능성이 크다. 만약 대학원생이 얻는 이익을 중심으로 지배를 개념화한다면, 대학원생이 더 많은 혜택을 누리면 교수와 대학원생 사이의 지배가 줄었다고 분석해야 한다. 그러나 이는 대학원생이 감내해야 하는 자유의 손실을 고려하지 않은 것이다. 더구나 교수가 대학원생에게 베푼 혜택은 우연한 결과일 뿐이다. 교수는 자기 뜻에 따라 이러한 혜택을 베풀 수도 있고, 그렇지 않을 수도 있다. 대학원생은 교수의 선택에 영향을 주지 못하고, 그 선택의 결과를 받아들일 수밖에 없다. 결과가 아니라 교수와 대학원생 간의 사회적 관계의 구조에 주목해야 하는 이유다(Lovett 2019, 52-56).

교수와 대학원생 사이의 지배

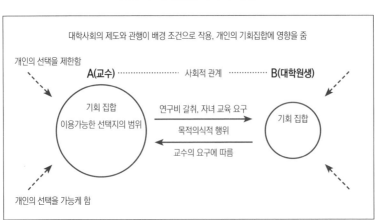

단순히 자의적 권력을 행사할 수 있는 '능력'에 초점을 맞추면 일상의 많은 사소한 사회관계로까지 지배 개념의 범주가 과도하게 확장될 수 있다는 문제도 제기된다(MaCammon 2015, 1033-1043; Gädeke 2020, 202-204). 가령 점심때 어쩌다 음식을 빠르게 먹는 사람(A)과 식사하는데, 암묵적으로 빨리 식사를 마치기를 원하는 상대방의 속도를 의식하면서 평소보다 급하게 식사했다면 그 사람은 나(B)를 지배한다고 말해야 할까? 위의 개념화에 따른다면 '그렇다'고 답해야 할 것이다. 이처럼 일회적인 관계에서 우연히 상대가 지닌 능력으로 인해 나에게 줄 수 있는 영향력까지 지배 개념으로 포괄한다면, 이는 자칫 공화주의 사상이 지닌 고유한 문제의식을 상실할 수 있다. 그러나 위의 사례에서 A와 B가 직장 내 상급자와 하급자 관계이고, B가 어쩔 수 없이 A와 빈번히 식사를 함께해야 한다면 이는 공화주의 사상이 지닌 문제의식—평등한 시민적 지위의 부정—에 가까워진다. A가 지닌 권력은 직장 내 위계질서로 자리 잡은 사회적 규범과 실천에서 발생한 보다 강고한 것이고, B는 이렇게 구조화된 권력관계를 의식하면서 자신이 원하지 않는 선택지를 감내하고 있기 때문이다(Gädeke 2020, 205-209). 이처럼 사회적으로 불평등하게 구조화되어 있는 사회관계에서 상대적으로 높은 지위에 있는 행위자인 A가 낮은 지위의 B에게 아무런 설명책임(accountability)이나 견제 없이 자기 의사에 따른 선택을 부과할 수 있는 권력을 지니는 상황으로 지배 개념의 범위를 좁힐 필요가 있다(MaCammon 2015, 1041-1047). 그래서 이 책에서 주목하는 갑을관계는 일회적 혹은 일시적 관계가 아니라 비대칭적인 지위가 제도적으로 안정화되어 있는 사회적 관계다. 이 경우 표면적으로는 자유계약에 기초한다고 할지라도 갑과 을 사이의 관계가 사회적 규범과 실천을 통해 을에게 불리한 형태로 고착화되어 있어서, 행위자의 성품이나 성향 등에 따라 차이가 있을 수는 있지만 을의 선택지를 제한하는 형태의 상호작용이 발생할 가능성이 크다. 물론 갑과 을의 관계가 역전되는 상황이 존재할 수는 있지만, 을이 지닌 권력이 제도적으로 뒷받침되지 않는다면 이는 일회적 혹은 일시적 현상에 그칠 것이다. 그러나 이와 같은 관계가 지속되고, 유사한 관계가 사회적으로 빈번히 나타난다면 새로운 형태의 갑을관계로 주목할 필요가 있다.

지배의
세 가지 조건

1. 의존

　지배는 지배의 대상이 주체에게 일정 수준 이상 의존할 때 발생하며, 다른 조건이 동일하다고 할 때 의존 정도가 클수록 지배의 심각성도 커질 가능성이 크다. 의존은 어떤 개인이나 집단이 특정한 사회관계에서 이탈하길 원함에도 불구하고, 그러한 관계의 성원으로 남아 있어야 하는 정도를 의미한다. 지배의 대상이 그러한 관계에서 이탈하는 데 드는 기대 비용(이탈 비용)이 높다고 여길수록, 의존 정도는 높아진다(Lovett 2019, 59-61).

　대부분의 갑을관계에서 이러한 의존성은 쉽게 확인할 수 있다. 일반적으로 임차인은 임대인에게, 비정규직 노동자는 회사에, 직장 내 하급자는 상사에게 의존한다. 을이 이러한 관계를 쉽게 떠나지 못할 것이라고 여길수록 갑은 자신의 권력을 남용할 가능성이 크다. 특히 일회성에 그치지 않고 주기적으로 연장되는 계속적 계약관계의 경우, 을은 갑이 계약을 연장해주지 않으면 생계를 비롯한 삶의 조건이 악화될 수 있으므로 갑의 부당한 요구를 감내할 수밖에 없다. 민법상 계약관계에서 상호적인 계약이 이뤄지기 위해서는 을이 어느 정도의 교섭력 또는 대항력을 지니고 있어야 하는데, 의존도가 높은 상황에서는 을에게 불리한 계약이 이뤄지기 십상이고 이 과정에서 착취가 발생할 가능성이 높다(정한울·조계원 2019, 109). 최근 갑을관계 문제가 사회적으로 부각된 배경에는 을의 객관적·주관적 이탈 비용이 증가한 현실이 영향을 미쳤을 가능성이 크다. 직업 안정성이 줄고 한번 실직하면 실직을 반복할 가능성이 커지면서, 고용에 대한 불안이 매우 증가했다. 최근 '버티기'나 '견디기'를 강조하는 말이 자주 사용되는 것은 이러한 사회심리를 반영한다고 볼 수 있다. 외부 대안을 선택하는 데 드는 이탈 비용이 증가하면서, 현재의 사회관계에 대한 의존도가 커진 것이다. 이와 같은 상황에서 갑은 을의 객관적 이탈 비용을 증가시키지 않더라도, 을의 불안이나 무능함을 자극해서 얼마든지 자신에 대한 의존을 높일 수 있다.

앞에서 살펴본 교수와 대학원생 간의 사회적 관계에서는 일반적으로 대학원생의 교수에 대한 의존도가 높다. 교수는 대학원생보다 이용 가능한 선택지의 범위가 더 넓고, 그러한 관계에서 이탈할 때 드는 비용이 상대적으로 낮다. 반면, 대학원생은 학위를 받기 위해서는 지도교수의 평가가 중요하고, 한번 지도교수를 결정하면 바꾸기 쉽지 않다. 또한 대학원 생활이 길어질수록 거기에 들어간 시간과 비용이 커지므로 이탈할 때 드는 매몰 비용도 증가한다. 그러므로 대학원생의 객관적·주관적 이탈 비용이 많이 들어서 의존도가 높다고 볼 수 있다.

그런데 대학원생 A에게 다른 회사에서 괜찮은 일자리로 취직 제안이 왔다고 가정해보자. 원하면 얼마든지 옮길 수 있는 상황이다. 그런데 A는 자신이 지금까지 투자한 시간과 노력이 아깝다고 생각하고, 자신이 그 일을 잘할 수 있을지 걱정하면서 대학원생으로 남아 있는 것을 선택한다. 이 경우 제3자의 시각에서 보면 객관적인 이탈 비용이 낮으므로 A의 의존이 낮다고 말할 수 있을까? 그렇지는 않다. 떠날 수 있는데, 떠나지 못하는 사람들이 있다. 실제로 이용 가능한 다른 선택지가 객관적으로 존재한다고 해도, 그러한 선택지를 이용하려면 불확실성에 따르는 위험 부담과 불안을 이겨내야 한다. 지배에 오래 노출된 사람은 대체로 그러한 불안을 더 크게 느낀다. 그래서 지배 관계가 초래하는 이러한 심리적 측면을 중요하게 고려할 필요가 있다.[10] 역으로 떠날 수 없는데, 떠날 수 있다고 생각하는 경우도 생각해볼 수 있다. 주관적 이탈 비용은 낮지

---

10) 예를 들어, 습관적으로 남편에게 가정폭력을 경험한 여성은 피해자 보호시설(쉼터)에서 심리 상담과 자립자활교육을 받아도, 남편에게 돌아가는 경우가 많다. 물론 그 기간이 짧아서 실제로 남편을 떠날 준비가 되어 있지 않기 때문이라고 볼 수도 있지만, 학습된 무기력으로 인해 스스로 일해서 살아가는 것보다 남편에게 의존하는 편이 더 낫다고 생각하기 때문이기도 하다.

만, 객관적 이탈 비용이 높은 상황이다. 그러한 경우 막상 선택을 내리려고 하면, 언제든 떠날 수 있었다고 생각했던 자기 생각이 착각이나 자기기만에 불과했다는 것을 알게 된다. 주관적 측면이 중요하다고 해서, 객관적 측면을 무시해도 된다는 뜻은 아니다. 주관적 이탈 비용과 객관적 이탈 비용의 격차가 크면, 고립되어 살아가지 않는 이상 후자가 전자에 영향을 주어 그 격차가 줄어들 가능성이 크다.

대학원생이 쉽게 지도교수를 바꿀 수 있는데, 바꾼 뒤에도 교수가 요구하는 바가 크게 달라지지 않는 경우는 의존이 낮다고 말할 수 있을까? 하나의 관계를 떠나 다른 관계를 맺는 비용이 낮지만, 그러한 선택의 전망이 엇비슷하게 암울한 경우다. 대학원생이 개별 교수를 떠날 수 있는 비용은 낮지만, 교수 집단과 맺는 관계를 떠날 수 있는 비용은 여전히 높다고 할 수 있다. 이 경우 교수들은 대학원생의 객관적·주관적 이탈 비용이 높게 유지되도록 잘 담합해왔을 것이므로, 다수의 교수가 성원인 교수 집단과 관계에서 대학원생의 의존이 높다고 분석할 수 있다.[11]

마지막으로 대학원생의 교수에 대한 의존이 높지만, 교수의 대학원생에 대한 의존도 높은 경우는 어떻게 봐야 할까? 교수가 특정 대학원생에게 자기 삶의 많은 부분을 맡겨서 그 대학원생 없이 지내기 어렵다면, 교수의 대학원생에 대한 의존도 대학원생의 교수에 대한

---

11) 이러한 관계를 러벳은 '분산화된 지배'로 부른다(Lovett 2019, 61–62).

의존만큼 높을 수 있다.[12] 그렇지만 지배를 분석하는 데 있어 중요한 것은 지배 대상의 주체에 대한 의존이다. 서로 상호적으로 의존하고 있다고 해서, 대학원생의 교수에 대한 의존이 사라지는 것은 아니기 때문이다. 교수가 대학원생에게 자의적으로 권력을 행사할 수 있다면, 교수의 대학원생에 대한 의존이 높다고 하더라도 여전히 대학원생은 교수의 지배하에 놓여 있다고 말할 수 있다.[13]

2. 권력 불균형

지배의 주체는 그 대상보다 더 많은 사회적 권력을 지니고 있는데, 이를 통해 원래 지배의 대상이 선호했을 행위를 변화시킬 수 있는 능력을 지닌다.[14] 권력이 작용하는 방법은 크게 두 가지가 있다(Lovett 2019, 90-3).

첫째, 갑은 신뢰할 만한 위협이나 제안을 통해 을의 기회집합에

---

12) 특정 사회관계에 대한 의존은 반드시 대칭적(갑의 의존이 높으면 을의 의존도 높다)이지도 않고, 제로섬(을의 의존이 높으면 갑의 의존이 낮다)도 아니다(Lovett 2019, 47).

13) 갑과 을이 상호의존적일 경우, 갑은 을이 떠나게 되면 자신이 감수해야 하는 비용을 고려해서 을에게 자신의 권력을 행사할 가능성이 줄어들 수는 있다. 이것은 을을 떠나는 데 따르는 갑의 비용이 커진다는 것을 의미하는데, 그렇다고 해서 의존 정도가 같아지는 것은 아니다. 갑은 을이 없으면 불편할 뿐이지만, 을은 갑이 없으면 미래가 불확실해지기 때문이다.

14) 달은 권력에 관한 고전적인 연구에서 "A는 B가 하지 않았을 일을 하도록 만들 수 있는 만큼의 권력을 B에 대해 가지고 있다"고 직관적으로 기술했다(Dahl 1957, 202-203). 이는 A의 능력 소유에 초점을 맞춰 잠재적/암묵적 권력으로 해석할 수도 있고, A가 지닌 능력의 실제 행사에 초점을 맞춰 실제적/명시적 권력으로 해석할 수도 있다(Lukes 2005[1974], 16-17).

있는 이용 가능한 선택지들에 결부된 비용과 혜택을 높이거나 낮춤으로써 을이 어떠한 행위를 하도록 만들 수 있다. 그렇지만 갑이 비용을 높이거나 낮출 수 있는 능력을 갖고 있음을 공통적으로 알고 있는 경우라면, 갑은 실제로 그러한 능력을 행사하지 않고도 을이 선호하는 행위를 효과적으로 바꿀 수 있다. 갑이 실제로 말하거나 행동하지 않더라도 을은 갑이 원하는 것을 느끼기 때문에 실제로 원하지 않는 행위를 할 수 있는 것이다. 을은 갑이 실제로 권력을 행사하게 되면 보다 암울한 선택지에 직면하게 될 수 있으므로 이를 피하기 위해 갑을 늘 주시하면서 전략적으로 행동해야 한다. 그러나 권력 불평등이 존재하더라도 갑의 권력이 제한 또는 견제되고 있다는 공통의 인식이 존재한다면, 을은 갑의 눈치를 보면서 전략적으로 행동할 필요가 없다. 그래서 어떠한 사회적 관계에서 비지배 자유가 보장되고 있다면 우리는 두려움을 느끼거나 주눅들지 않고 당당하게 상대를 똑바로 바라볼 수 있다. 페팃은 이러한 쳐다보기 실험(eyeball test)을 통해 상호작용에서의 평등이 이뤄지고 있는 정도를 일정하게 판단할 수 있다고 주장한다(Pettit 1997, 83-87; Pettit 2019, 170-171).

둘째, 갑은 설득이나 선호 조작을 통해 을이 지닌 선택지 자체에 대한 선호에 영향을 주거나 이를 형성해서 간접적으로 을의 행위를 유도할 수 있다. 을의 사고를 통제하거나 조작함으로써 순응을 이끌어내는 것이다. 그래서 어떤 행위자들이 동일한 선호를 갖고 있다고 하더라도 왜 그러한 선호를 갖게 되었는지 고려해보면, 누구에게 더 큰 사회적 권력이 작용했는지 알 수 있다. 두 번째 방법은 첫 번째 방법보다 전략적으로 예측하기 어렵다. 갑이 을에게 어떤 행위가 바람직하다고 열심히 설득/조작하더라도, 을이 실제로 자신이 원하는 방향으로 행동할지는 불확실하다. 실제로 그러한 믿음을 갖게 되었는지 알기 어렵고, 그렇다고 하더라도 이러한 믿음이 얼마나 지속될지 알 수 없기 때문이다. 반면 신뢰할 만한 위협이나 제안을 하는 것은 훨씬 예측 가능성이 높다. 상대방이 합리적이라면, 자신의 행위를 바꿀 것이라고 예상할 수 있기 때문이다.

교수와 대학원생 간의 관계를 예로 들어보자. 교수는 자기 말을 듣지 않으면 졸업시키지 않겠다고 위협하거나, 자기 말을 따르면 이번에 출간되는 논문에 공저자로 이름을 넣어주겠다는 제안을 함으로써 이것이 없을 경우 대학원생이 선호하지 않았을 행위—연구비를 반납하고, 교수 자녀의 공부를 봐주는 것 등—를 하게 할 수 있다. 대학원생은 교수가 이러한 위협이나 제안을 통해 얻을 수 있는 혜택이 비용보다 크다고 볼 수 있으므로 이를 신뢰해서 요구에 따르게 된다. 만약 이러한 상호작용 방식이 굳어져 있다면, 대학원생은 일종의 적응적 선호(adaptive preference)를 갖게 되어 교수가 요구하지 않더라도 알아서 교수가 원하는 행동을 취할 수도 있다. 또한 교수는 학교 일 때문에 자신이 자녀를 돌볼 수 없는 상황임을 호소하거나, 회수된 연구비가 실험실 운영에 사용되어 장기적으로 모두에게 이득이 된다고 믿게 만들어 자신이 원하는 결과를 만들어낼 수도 있다.

권력의 비대칭이 크고 이에 대한 외적인 제한이 없는 상황에서 일반적으로 갑은 통제에 대한 인식을, 을은 취약성에 대한 인식을 갖게 된다(Pettit 1997, 60). 그래서 갑은 자신이 실제로 권력을 행사하지 않아도, 을이 알아서 자신에게 가치 있는 사회적 재화를 넘겨주길 원한다. 자신의 비위를 맞추기 위해 을이 더 굽실거리며 행동하거나, 추가적인 서비스/노동력을 제공해야 한다고 생각하는 것이다. 만약 을이 이런 태도를 보이지 않는다면, 이는 을이 자신이 지닌 권력을 인지하지 못했다는 뜻이므로 자신의 권력이 상대를 통제할 만큼 강하지 않다는 의미―권력 불평등이 충분히 크지 않다는 의미―로 해석된다. 갑의 입장에서 보면 자신이 지닌 권력을 실제로 행사해야 하는 것 자체가 모욕적인 일이다. 권력 불평등에 따라 자신이 받아야 한다고 생각하는 마땅한 대우를 받지 못한 것이기 때문이다. 이는 을이 자신을 무시한 것이나 다름없으므로 이에 대해 분노하게 된다. 항공기나 백화점 등에서 "내가 누군지 알기나 해?"라고 화를 내는 소위 'VIP' 고객이 대표적인 예다(조계원 2019b, 190-191).[15]

　갑이 지닌 권력은 일반적으로 개인이나 집단이 맡은 사회적 역할이나 지위에서 발생한다. 이와 같은 역할이나 지위가 부여한 범

---

15) 여기서 한 가지 질문이 가능하다. 만약 을이 갑이 지닌 권력을 인식하지 못한다면 갑의 사회적 권력은 약해진다고 할 수 있을까? 이 경우 을은 갑의 위협이나 제안을 진지하게 받아들이지 않거나 갑의 눈치를 보지 않아서 자신이 선호하는 행위를 할 가능성이 크다. 그렇다면 갑의 사회적 권력이 줄어들었다고 말할 수 있다. 그러나 갑의 사회적 권력의 원천이 사라진 것은 아니므로 이는 어디까지나 일시적일 뿐이다. 갑의 권력은 일시적으로 작동하지 않지만, 권력을 행사하거나 권력의 존재에 대한 인식이 발생하면 다시 복원된다.

위 내에서 행사되는 권력은 정당한 권한이라고 볼 수 있으므로 문제가 되지 않는다. 그러나 모든 권력의 사용은 사전에 완벽히 제한할 수 없으므로 일정한 재량적 범위를 지닐 수밖에 없다.[16] 이에 따라 이러한 재량권의 사용이 정당한지에 관한 판단이 요구되며, 이러한 권력의 행사가 자의적일 경우 이를 교정할 수 있어야 한다.

3. 자의성

지배 관계에서 지배 대상은 주체의 자의적 권력에 노출되어 있다. 주체가 지닌 권력이 일정하게 통제 또는 제한되지 않아서 본인의 뜻에 따라 행사될 수 있는 것이다.[17] 이를 조금 더 정확히 표현하면, "사회적 권력이 관련된 모든 개인이나 집단이 공통적으로 알고 있는 효과적인 규칙, 절차, 또는 목적에 의해 외적으로 제한되지 않고 행사될 가능성이 있는 경우" 자의적이라고 정의—이를 절차적 자의성이라고 부른다—할 수 있다(Lovett 2019, 117).

이러한 정의에서는 두 가지를 강조할 수 있다. 첫째, 사회적 권

---

16) 권력을 사용할 때 따라야 할 명확한 지침이나 원칙이 있다면, 재량적 범위는 줄어들게 된다. 그러나 재량권을 무조건 최소화하는 것이 항상 바람직하지는 않다. 원칙 자체가 구체적인 상황에 그대로 적용되기는 어려우므로 맥락에 따른 유연한 해석이 요구되는데, 지나치게 방대한 지침은 유연성을 떨어뜨리기 때문이다.

17) '자의적'(恣意的)이라는 말의 뜻을 『표준국어대사전』은 "일정한 질서를 무시하고 제멋대로 하는 것", 『고려대한국어대사전』은 "일정한 원칙이나 법칙에 따르지 않고 제멋대로 함"으로 정의한다.

력에 대한 제한은 '효과적'이어야 한다. 규칙, 절차, 목적은 사회적 권력이 행사되는 방식을 실제로 제한할 수 있는 능력이 있어야 하며, 일정한 집행 기제를 통해 유효하게 뒷받침되어야 한다. 공식적인 법으로 존재한다고 하더라도 실제로 집행되지 않으면 효과적이라고 할 수 없으며, 공식적으로 명문화되지 않은 사회적 관행도 행위를 구속할 수 있다면 효과적인 제약 수단이라고 할 수 있다. 둘째, 사회적 권력을 행사하는 개인이나 집단에 대한 '외적인' 제한이 이뤄져야 한다. 권력을 소유한 주체의 내적인 통제에 맡겨진 경우 이는 여전히 그 사람의 의지에 따라 달라질 수 있으므로 신뢰할 수 없다(Lovett 2019, 117–118).[18]

다시 교수와 대학원생 간의 관계로 돌아가 보자. 분명 대학 내에는 교원이 학생을 인격적으로 존중하고, 교육해야 한다는 명시적·암묵적 규범이 존재한다. 학생의 인건비를 지급하지 않거나 이를 회수해서 다른 용도로 관리·사용해서 안 된다는 규정도 있다. 이러한 외적인 규정이 있지만 교수가 대학원생에게 사적인 용무를 시키거나 인건비를 회수해서 관리하는 방식이 여전히 발생하고 있다고 가정하자. 그렇다면 규범이나 규정의 준수가 교수의 욕구나 의사에 달려 있어서 충분히 효과적으로 집행되고 있다고 볼 수 없으므로, 대학원생은 교수의 자의적 권력에 노출되어 있다고 말할 수

---

18) 공화주의 정신을 이어받아 미국 헌법을 기초한 사람 중 한 명인 제임스 매디슨은 『연방주의자 논설』 51번에서 다음과 같이 표현했다. "만일 인간이 천사라면, 어떤 정부도 필요하지 않을 것이다. 만일 천사가 인간을 통치한다면, 정부에 대한 어떤 외부적 또는 내부적 통제도 필요하지 않을 것이다"(Hamilton, Madison, and Jay 2019[1788], 396–397).

있다. 효과적으로 집행되지 않는 이유는 여러 가지가 가능하다. 규범이나 규정이 모호해서 그럴 수도 있고, 실제로 이를 집행하고 지속적으로 단속하는 기구가 없거나 처벌이 약해서 행위자가 이를 두려워하지 않을 수도 있으며, 공동의 이익으로 엮여 있어서 지배 주체의 자의적인 권력 행사를 대상이 용인할 수밖에 없는 조건이기 때문일 수도 있다. 그래서 어떠한 규칙, 절차, 목적이 효과적으로 집행되기 위해서는 보다 다양한 차원에서 지배 주체의 사회적 권력을 제한할 방안을 모색해야 한다.

여기서 두 가지 질문이 가능하다. 첫째, 외적인 규칙, 절차, 목적이 효과적으로 집행되고 있는지의 여부를 분명히 알 수 있는가? 둘째, 외적인 규칙, 절차, 목적이 효과적으로 집행되는 것을 통해 충분히 자의성이 해소되었다고 말할 수 있는가?

첫 번째 질문부터 살펴보자. 갑의 사회적 권력이 효과적으로 제한되고 있지 않다는 사실이 비교적 명확하게 드러나는 경우는 문제가 없다. 하지만 그렇지 않은 경우도 얼마든지 가능하다. 예를 들어, 교수가 수업할 때 쉬는 시간에 대학원생에게 괜찮으면 휴게실에서 커피를 한 잔 가져다 달라고 해서 대학원생이 기꺼이 이에 응했다면, 이는 교수가 자의적으로 권력을 사용했다고 봐야 하는가? 교수가 대학원생에게 커피 부탁을 해서는 안 된다는 규정이 없다면, 교수의 사회적 권력이 제한되지 않고 있다고 말할 수 있다. 하지만 사회 규범상 그 정도의 부탁은 할 수 있다고 본다면, 그러한 범위 내에서 권력이 행사된 것이라고 말할 수도 있다. 교수가 적극적으로 강요하지 않았고, 대학원생은 교수를 배려하는 차원에서 호의를 베푼 것일 수 있다. 그렇지만 대학원생은 혹시라도 자신에게 생길 수 있는 불이익을 염려해서 스스로 커피를 가져다주는 수고를 한 것일 수도 있다.[19] 후자의 가능성이 존재한다면 교수의 사회적 권력이 제한되지 않아서 자의성이 존재한다고 볼 수 있다.[20] 그러나 실천적인 차원에서 보면 이러한 교수의 행위가 자의적이냐, 그렇지 않으냐의 문제는 크게 중요하지 않다. 왜냐하면 교수와 대학원생 간의 관계에서 분명하게 자의성이 존재한다고 말할 수 있는 경우에 초점을 맞춰 먼저 이를 줄이기 위해 노력하면 되기 때문이다. 이를 통해 이들 사이에 더 수평적인 상호작용이 가능해지면, 일상의 사소하고 모호한 사례들은 크게 문제가 되지 않을 가능성이 크다. 교수가 대학원생에 영향을 줄 수 있는 모든 사회적 권력의 행사 가능성을 완전히 없애는 것은 현실적으로 가능하지도 바람직하지도 않다.[21] 중요한 것은 대학원생의 기본적 자유를 심각하게 침해하는 자의적 권력 행사를 사전적·사후적으로 제한할

19) 일차적으로 쳐다보기 실험을 통해 대학원생이 그러한 행위를 할 때 교수에 대한 불안이나 공포가 깃들어 있는지를 기준으로 삼을 수도 있다. 그러나 불평등한 사회적 관계에서는 아첨과 순수한 호의가 스스로도 구분되지 않는 상황이 존재할 수 있으므로, 대학원생의 주관적인 심리상태만을 근거로 하기는 어렵다.

20) 공화주의자들이 인간 사이의 배려나 호의를 아주 제거해야 한다고 주장하는 것은 아니다. 문제는 그러한 배려나 호의가 불평등한 상호작용의 결과로 굳어지는 것이다.

21) 절차적 자의성 개념에 대한 비판 중 하나는 지나치게 사소한 문제에 대해서까지 주체의 모든 잠재적 권력 사용을 제한하려고 하므로 과도하게 많은 것을 요구하고, 무한히 많은 외적 제한을 필요로 할 것이라는 주장이다(Arnold and Harris 2017, 60). 그러나 절차적 자의성 개념을 사회적 권력이 행사되는 모든 사소한 지점까지 확대해서 적용하는 것은 타당하지 않다. 왜냐하면 절차적 자의성을 줄이려면 비용이 들어가는데 사용 가능한 사회적 재화가 한정되어 있는 이상, 우리는 일정한 재화를

수 있는 효과적인 사회적 장치를 마련하는 것이다.

두 번째 질문에 답하기 위해 다음의 사례를 생각해보자. 대학과 학생들 사이에 등록금 인상을 두고 갈등이 벌어지고 있다고 가정하자. 대학은 「고등교육법」이 정한 바에 따라 등록금심의위원회를 구성해서, 적정 등록금을 산정·심의해서 결정했기 때문에 문제가 없다고 주장한다. 반면, 학생 측은 등록금심의위원회의 구성과 심의 과정 자체가 자신들에게 불리하며 등록금 인상 결정은 학생들의 이익과 견해를 무시한 것이라고 반박한다. 학교 측은 규정된 절차에 따라 결정되었기 때문에 절차적 자의성이 없다—그래서 학교가 학생을 지배하는 것은 아니다—는 입장이고, 학생 측은 그러한 결정의 영향을 받는 당사자인 학생들의 이익과 의사를 충분히 반영하지 않고 결정되었기 때문에 실질적 자의성[22]이 존재한다—그래서 학교가 학생을 지배한다—는 입장이다. 학교 측의 주장처럼 규정을 철저하게 지켜서 등록금 인상이 결정되었다면, 학교가 지닌 사회적 권력은 공통적으로 알고 있는 효과적인 규칙, 절차, 또

투입해서 어떠한 사회적 관계에서 절차적 자의성을 가장 효과적으로 줄일 수 있는 사안에 초점을 맞출 것이기 때문이다. 또한 사전적으로 많은 외적 제한을 두는 것도 바람직하지 않다. 이러한 제한이 늘어나면 이를 집행하는 행위자의 권한도 비대해져서 다른 측면에서 자의적 권력의 행사 가능성이 늘어나기 때문이다.

22) 개인이나 집단이 지닌 사회적 권력이 영향을 받는 당사자의 복지와 세계관(이익과 사고)을 반영하지 않고 행사될 가능성이 있는 경우 자의적이라고 보는 시각이다. 이러한 관점은 복지와 세계관을 어떻게 해석하느냐에 따라 세 가지 입장이 존재할 수 있다. 첫째, 공공선 설명은 "객관적으로 정의되고, 규범적으로 정당화될 수 있는 이익"으로 본다. 둘째, 복지주의 설명은 "주관적으로 표현된 선호나 욕구"로 본다. 셋째, 민주적 설명은 "적절하게 고안된 숙의 절차를 통해 표현된 자신의 이익에 대한 생각"으로 본다(Lovett 2019, 134-136).

는 목적에 의해 외적으로 제한되어 행사되었다고 볼 수 있으므로 절차적으로 자의적이지 않다고 말할 수 있다. 등록금심의위원회가 없었을 때와 비교하면 분명 학생들이 처한 상황은 개선되었다. 학생들은 적어도 정해진 절차를 통해 등록금 인상 폭을 예상할 수 있고, 학교 측의 눈치를 보지 않고 산정 기준과 이에 대한 설명을 요구할 수도 있다. 그렇다면 이제 학생들은 절차적 자의성이 없다는 사실에 만족하고 더 이상 주장할 수는 없을까? 현행 등록금심의위원회 구성 자체가 학교 측에 유리하게 되어 있고, 의결 과정에서도 학생 대표들의 거부권을 사실상 보장하지 않고 있다는 점에서 학교의 결정이 여전히 자의적이라고 주장할 수는 없을까? 혹은 대학의 결정이 영향을 받는 학생들의 이익을 무시해서 자의적이라고 주장할 수는 없을까? 만약 없다고 한다면, 이는 지배라는 개념을 통해 추구하는 규범적 목표가 너무 낮다는 비판에 직면하게 될 것이다(Arnold and Harris 2017, 59).

문제는 실질적 자의성의 입장을 취하면 영향을 받는 당사자의 복지와 세계관을 반영하고 있는지의 여부를 판단하기가 쉽지 않다는 데 어려움이 있다. 공공선 설명을 취하면 객관적으로 정의할 수 있고, 규범적으로 정당한 학생들의 이익을 규정해야 한다. 등록금이 인상되지 않아서 강의 수가 줄어들고 교육 환경이 악화된다면, 이는 학생들에게 손해가 돌아간다고 볼 수 있으므로 등록금 인상이 꼭 학생들의 객관적 이익과 배치된다고 말할 수는 없다. 이처럼 객관적 이익에 대한 해석을 두고 이견이 존재할 수 있다. 또한 복지주의 설명에 따르면 학생들의 주관적으로 표현된 선호나 욕구를 반영해야 하는데, 이러한 선호를 어떻게 측정하고 집약할 것인지는 어려움이 따른다. 마지막으로 민주적 설명에 따르면 학생회 중심으로 등록금 관련 토론회를 개최하고 광범위한 토의를 진행해서 결정된 것이 학생의 이익을 반영하고 있다고 볼 수 있다. 이것이 가장 바람직하지만, 적절하게 고안된 숙의 절차를 통해 영향을 받는 당사자의 이익이 표명되기 전까지는 어떤 개인이나 집단의 지배 여부를 판단할 수 없다(Lovett 2019, 136-138). 현실에 존재하는 다양한 갑을관계 중에서 지배를 수반하는 사례를 가려내려고 할 때, 사안마다 을의 이익을 민주적으로 규정하는 과정을 거쳐야 한다면 이 개념이 지니는 기술적 유용성은 크게 떨어질 것이다. 이를 고려하면 실질적 자의성의 입장을 취하는 것은 개념의 적용 가능성을 심각하게 떨어뜨린다는 점에서 한계를 지닌다. 더구나 규범적 목표가 높다는 사실이 항상 바람직한 것도 아니다. 그만큼 현실적으로 실현 불가능한 공허한 이상으로 들릴 수 있기 때문이다.

절차적 자의성 입장을 취하게 되면 사회적 관행—사회적 규범, 조정 관행, 법을 포괄하는 넓은 의미로 이 말을 사용한다(Lovett 2019, 123)—의 공백 속에서 권력이 효과적으로 제한되지 않고 사용되는 갑을관계의 사례를 가려내고, 이러한 장치를 마련하는 데 집중할 수 있는 장점이 있다. 그러나 갑의 자의적인 권력 행사를 줄이기 위해 도입한 법이나 제도가 여전히 갑에게 유리한 측면을 가지고 있을 때,[23] 을은 자신이 지배받고 있다고 주장하기 어렵다. 그렇다면, 실질적 자의성의 관점을 도입하지 않고 이 문제를 해결할 방법은 없을까? 몇 가지 방법을 생각해볼 수 있다.

첫째, 도입한 법과 제도가 도입 후 일정 기간에는 갑의 사회적 권력을 효과적으로 줄여주지만, 을에 불리한 요소로 인해 일정 기간이 지나면 그 효과가 감소한다고 보는 것이다. 처음에는 갑의 권력이 제한된다고 할지라도, 갑은 분명 이러한 제약에서 벗어나려고 시도할 것이다. 그래서 법과 제도를 도입한 t 시점에서는 자의성이 크게 줄었지만, t+1 시점에서는 다시 자의성이 상승했다고 볼 수 있으므로 이를 줄이기 위해 법과 제도를 개정해야 할 필요성이 발생한다. 사회적 관행이 도입되면 지배 수준이 낮아질 뿐 지배가 항구적으로 없어진 것은 아니므로, 지배 수준이 다시 높아지면 이의 개선을 요구할 수 있다. 심각한 자의적 권력 행사가 빈번하게 발생하는 갑을관계에 주목해서 갑이 지닌 사회적 권력을 외적인 규칙, 절차, 목적을 통해 효과적으로 제한하는 한편, 이를 지속해서 주시하는 게 중요한 이유다.

둘째, 지배 주체의 권력 행사를 제한하는 효과적인 규칙, 절차, 목적을 중첩적으로 보는 것이다. 어떤 행위에 대한 제약은 헌법, 법, 규범 등 여러 사회적 관행을 통해 이뤄진다. 사회 규범적 차원

---

23) 자의적인 권력을 줄이기 위해 도입한 법이나 제도가 여전히 불공정성 문제를 안고 있는 것과 그 자체로 차별적인 내용을 담은 법과 제도를 도입하는 것은 다르다. 후자의 경우 이러한 법과 제도는 차별받는 대상에게 주체가 처벌받지 않고 사회적 권력을 행사하는 도구가 되므로 절차적 자의성이 수반된다고 볼 수 있다(Lovett 2019, 140).

에서 자의적이지 않다고 보는 행동도 법적 측면에서는 자의적일 수 있다. 또한 법도 헌법이라는 보다 상위의 가치에서 보면, 자의적일 수 있다. 이처럼 규칙, 절차, 목적은 더 상위의 가치 측면에서 다시 해석될 가능성이 존재한다. 또한 사회적 규범의 변화를 통해 이제까지 용인되었던 사회적 권력의 행사가 제한될 필요가 있다는 인식이 확산될 수도 있다.

셋째, 남아 있는 불평등한 요소의 해소는 민주주의에 근거해서 변화를 요구하는 것이다. 비지배에 호소해서 일정 수준으로 절차적 자의성을 줄이고 나면, 민주주의의 이름으로 실질적 자의성을 줄이기 위해 노력한다. 비지배가 시민의 자유를 위한 일종의 관문 역할을 한다고 보고, 그 이상은 민주주의를 비롯한 다른 가치에 근거해 요구하는 것이다. 이를 통해 비지배 개념이 과도하게 이상화되어 사용되는 것을 막을 수 있다.

개인이나 집단은 다른 개인이나 집단이 자신에게 자의적 권력을 행사하는 사회적 관계에 의존하고 있을 때 지배를 경험한다. 지배의 수준은 지금까지 살펴본 세 가지 조건인 의존, 권력 불균형, 자의성의 정도에 따라 지속해서 달라진다. 이때 다른 것이 동일하다면 의존(d), 권력 불균형(p), 자의성(a)의 수준이 높아질수록 지배(D)의 수준도 높아진다. 이를 $D = f(d, p, a)$라는 함수로 표현할 수 있다(Lovett 2019, 142). 사회적 권력의 불평등이 존재하는 대부분의 갑을관계에서는 지배가 발생할 수 있다. 특히 지배의 수준이 높은 갑을관계에 우선적으로 주목해서 이를 낮추는 것이 필요하다. 이때 지배를 완전히 없애는 것을 목표로 하는 것은 비현실적이고, 바람직하지도 않다. 부모와 자식 간의 관계에서 가정폭력과 같은 심각한 지배를 줄이는 것은 중요하지만, 그렇다고 해서 부모가 지닌 습관을 자식에게 따르게 하는 것과 같이 사소한 지배를 모두 없애려하는 것은 바람직하지 않다.

국가의 지배

　　　　지배는 크게 개인이나 집단 간의 사적 관계에서 발생하는 수평적 지배와 개인이나 집단이 국가와 맺는 공적 관계에서 발생하는 수직적 지배로 나눌 수 있다. 전자를 도미니움(*dominium*), 후자를 임페리움(*imperium*)이라고 부른다. 공화주의자들은 국가를 가장 위험한 지배자로 간주했고, 국가의 통치 과정에서 생길 수 있는 지배를 막기 위해 법의 지배와 권력분립과 같은 장치를 통해 권력이 제한 또는 분산되어야 한다고 주장했다(Pettit 1997, 172–180; Pettit 2019, 143). 일반적으로 갑을관계라고 하면 사적 영역에서의 사회적 관계로 이해하지만, 권력 불평등 측면에서 보았을 때 국가와의 관계는 그 격차가 현격히 크다고 볼 수 있으므로 지배를 수반할 가능성이 큰 갑을관계라고 하겠다.

국가는 입법, 사법, 행정 등 다양한 국가 기구에서 결정을 내리는 행위자들로 구성된 복합적인 집합적 행위자로 볼 수 있다. 국가의 권력은 국가 기구가 구체적인 법과 정책을 바탕으로 개인 또는 집단에 영향을 줄 때 실제로 행사된다. 그래서 인명·재산상의 피해가 생긴 사건이 발생하면, 정부가 어떤 법이나 정책을 집행해서 혹은 집행하지 않아서 이런 일이 생겼는지 묻고, 그 책임자를 추궁한다. 물론 누구의 책임인지 모호한 경우가 많지만, 그렇다고 해서 국가를 하나의 구조로 간주하는 것은 적절하지 않다. 다음의 사례에 대해 생각해보자. 경찰관 A가 발사한 물대포를 맞고 시위 중이었던 시민 B가 사망했다고 가정해보자. 이것을 A가 B를 지배했다고 말할 수 있을까? 이에 대해 누군가 다음과 같이 반문한다면, 어떻게 답변할 수 있을까?

"이는 경찰관 A에게 너무 가혹한 것 아닐까요? A에게는 B를 사망에 이르게 한 책임이 분명 있습니다. 시위를 막는 것을 넘어, 시민을 죽음에 이르게 했으니까요. 그렇지만 분명 그럴 의도는 없었을 겁니다. A씨는 자기 상관의 명령을 받았고, 그 상관은 또 누군가의 명령을 받았을 겁니다. 그렇다면 A씨보다는 물대포를 쏘라고 명령한 사람 혹은 어떻게 해서라도 시위를 진압하라고 명령한 사람이 B를 지배했다고 봐야 하지 않을까요? 아니면 이 사례는 합법적 폭력을 독점하고 있는 국가라는 구조의 지배라고 봐야 하지 않을까요? A의 행위보다 거기에 이 사건의 본질이 있다는 생각이 듭니다. 그래서 우리는 '국가폭력'이는 말을 사용하잖아요."

지배의 세 가지 요건을 바탕으로 A와 B 사이의 관계를 살펴보자. 첫째, 의존이라는 측면에서 B는 A에 대한 의존이 높다고 할 수 있다. 두 사람이 시위 과정에서 처음 만났기 때문에 의존이 낮다고 생각할 수 있지만, A의 지위는 공권력의 담지자인 경찰이다. 시위에 가담한 시민이 특정 경찰관을 선택할 수 없고, 만약 시위를 그만둔다면 자신의 목소리를 내지 못하므로 이 관계에서의 이탈 비용이 높다고 볼 수 있다. 둘째, 권력 불균형 측면에서 경찰인 A는 일반 시민 B보다 큰 권력을 가지고 있다. A는 합법적인 폭력을 독점하고 있는 집단인 경찰의 성원이기 때문이다. 셋째, A의 행위는 관련된 모든 당사자가 공통적으로 알고 있는 효과적인 규칙, 절차, 목적을 따랐다고 볼 수 없다. 공권력은 시민의 생명과 안전을 보호하기 위한 목적을 지닌다. 또한 공권력은 정당방위나 긴급피난과 같은 불가피한 상황이 아니라면 시민에게 위해를 가해서는 안 된다—이는 상식적인 규범이며, 법적 근거를 지닌다. 설령, 폭력적인 시위라고 하더라도 공권력은 어디까지나 시민의 생명과 안전을 침해하지 않는 선에서 집행되어야 한다. A의 행위는 고의가 아니었다고 하더라도 이러한 규칙, 절차, 목적이 효과적으로 집행되지 않았다는 점에서 자의적이라고 할 수 있다. 따라서 A는 B를 지배했다고 볼 수 있으며, 그에 따른 책임을 져야 한다.

국가가 지닌 공권력을 집행하는 기관인 경찰은 위계적인 조직이다. 조직 내에서 명령권을 지닌 상관은 하급자에게 자의적 권력을 행사할 가능성이 있다. 만약 총책임자가 시위 진압 과정에서 생길 수 있는 공권력 남용 가능성에 대한 고려 없이 시위 진압만을 명령했다면, 이는 시민의 생명과 안전을 보호해야 할 지휘·감독상의 의무를 제대로 이행하지 못한 자의적인 권력 행사로 볼 수 있다. 따라서 이에 대한 책임을 져야 한다. 그러나 그렇다고 해서 A의 책임이 면제되는 것은 아니다. 상관에게 그러한 명령을 받았다고 해서, 공권력 남용으로 시민의 피해가 생겨서는 안 된다는 규범을 어겨도 되는 것은 아니기 때문이다. 또한 경찰이라는 국가기관은 집합적 행위자로서 그 성원에게 요구되는 규범을 효과적으로 집행하지 못했으므로 피해자에게 손해배상책임을 진다. 이때 A의 상관과 경찰이라는 기관은 B를 직접적으로 지배한 주체라기보다는 일종의 외부적 조력자[24]로 볼 수 있으며, 국가라는 구조가 B를 지배했다고 볼 수는 없다.

그렇다면 양심적 병역거부자가 국가의 지배를 받고 있다고 주장

---

24) 지배의 주체와 대상과의 관계는 외부적 조력자와 대상과의 관계와는 다르다. 주체의 지배에 일정한 인과적 영향을 준 외부적 조력자의 도덕적 위치는 직접적 주체와 다르기 때문이다. 그래서 외부적 조력자의 경우도 대상을 지배한다고 말하면 주체가 행하는 지배의 고유한 특성이 상실될 수 있다(Lovett 2019, 144–145). 예를 들어, '갑질'을 하는 교수와 지도학생인 대학원생이 있고, '갑질' 교수의 행태를 알고도 이를 방치하는 동료 교수가 있다고 하자. 동료 교수는 '갑질'이 일어나는 배경을 부분적으로 형성하지만, 우리는 동료 교수가 해당 대학원생에게 '갑질'을 했다고 말하지 않는다. 마찬가지로 동료 교수가 해당 학생을 지배했다고 말하기는 어렵다. 그렇다고 해서 외부적 조력자에게 아무런 도덕적 책임이 없다는 뜻은 아니다.

한다면 이는 타당하다고 할 수 있을까? 대한민국 국적을 포기하지 않는 이상 복무 의무에서 벗어날 수 없으므로 양심적 병역거부자의 국가에 대한 의존은 분명하다. 정당한 사유 없이 현역 입영 또는 소집에 응하지 않으면 처벌을 받는다는 점에서 권력 불평등도 마찬가지다. 그러나 병역의무는 헌법에 명시되어 있고, 국가는 병역법에 근거해서 당사자가 공통적으로 알고 있는 규칙, 절차, 목적에 따라 권력을 행사하고 있으므로 자의적이라고 볼 수 없다. 더구나 헌법소원과 같은 절차를 통해 반대 조치를 보장하고 있다. 이렇게 볼 때 이들이 지배받고 있다고 말할 수는 없다.

하지만 양심적 병역거부자의 입장에서는 자신이 국가의 지배를 받고 있다고 주장할 수 있다. 군사훈련을 받는 방식이 아닌 다른 형태로 국민으로서의 의무를 수행할 기회 자체를 주지 않고 형사처벌을 하는 것은 양심의 자유라는 헌법적 가치를 효과적으로 보장하지 않고 국가가 과도하게 권력을 행사(헌법상의 비례성원칙[25]의 위배)한 것이라고 볼 수 있기 때문이다. 2018년 대법원이 기존 판결[26]을 뒤엎고 양심적 병역거부에 대해 무죄를 선고한 것은 이를 반영하고 있다.

---

25) 헌법 제37조 제2항은 법률을 통해 국민의 기본권을 제한할 때 "필요한 경우"로 한정하고 있다. '필요한 경우'는 입법목적을 달성하기 위한 수단이 적합성, 필요성, 균형성이 있는 경우로 해석되며 이를 비례성원칙(혹은 과잉금지원칙)이라고 한다(김성돈 2017, 73).

26) "병역의무가 제대로 이행되지 않아 국가의 안전보장이 이루어지지 않는다면 국민의 인간으로서의 존엄과 가치도 보장될 수 없음은 불을 보듯 명확한 일이다. 따라서 병역의무는, 궁극적으로는 국민 전체의 인간으로서의 존엄과 가치를 보장하기 위한 것이라 할 것이고, 피고인의 양심의 자유가 위와 같은 헌법적 법익보다 우월한 가치라고는 할 수 없다. 그 결과, 위와 같은 헌법적 법익을 위하여 헌법 제37조 제2항에 따라 피고인의 양심의 자유를 제한한다고 하더라도 이는 헌법상 허용된 정당한 제한이라 할 것이다." 대법원 2004. 7. 15. 선고 2004도2965 전원합의체 판결.

"자신의 내면에 형성된 양심을 이유로 집총과 군사훈련
을 수반하는 병역 의무를 이행하지 않는 사람에게 형사
처벌 등 제재를 가해서는 안 된다. 양심적 병역거부자에
게 병역의무의 이행을 일률적으로 강제하고 그 불이행
에 대하여 형사처벌 등 제재를 하는 것은 양심의 자유를
비롯한 헌법상 기본권 보장체계와 전체 법질서에 비추
어 타당하지 않을 뿐만 아니라 소수자에 대한 관용과 포
용이라는 자유민주주의 정신에도 위배된다. 따라서 진
정한 양심에 따른 병역거부라면, 이는 병역법 제88조
제1항의 '정당한 사유'에 해당한다."[27]

국가 권력의 영향을 받는 사회 내 모든 개인이나 집단은 자신들
이 자의적 권력하에 노출되어 있다고 주장할 수 있다. 민주적으로
제정된 현행법하에서 집행되는 국가의 사회적 권력은 자의성이 낮
아서 그 자체로 지배하고 있다고 말하기는 어렵다. 그러나 이러한

---

27) 대법원 2018. 11. 1. 선고 2016도10912 전원합의체 판결. 이에 앞서 헌법재판소도 대체복무제도를 규
정하지 않은 병역법 제5조 1항에 대해 6:3으로 헌법불합치 판결을 내렸다. "병역종류조항이 추구하
는 '국가안보' 및 '병역의무의 공평한 부담'이라는 공익은 대단히 중요하나, 앞서 보았듯이 병역종류
조항에 대체복무제를 도입한다고 하더라도 위와 같은 공익은 충분히 달성할 수 있다고 판단된다.
반면, 병역종류조항이 대체복무제를 규정하지 아니함으로 인하여 양심적 병역거부자들은 최소 1년
6월 이상의 징역형과 그에 따른 막대한 유·무형의 불이익을 감수하여야 한다. 양심적 병역거부자들
에게 공익 관련 업무에 종사하도록 한다면, 이들을 처벌하여 교도소에 수용하고 있는 것보다는 넓
은 의미의 안보와 공익실현에 더 유익한 효과를 거둘 수 있을 것이다. 따라서 병역종류조항은 법익
의 균형성 요건을 충족하지 못하였다. 그렇다면 양심적 병역거부자에 대한 대체복무제를 규정하지
아니한 병역종류조항은 과잉금지원칙에 위배하여 양심적 병역거부자의 양심의 자유를 침해한다."
2011헌바379, 2018. 6. 28.

갑을관계의 정의론

법은 다시 헌법의 제한을 받으며, 헌법은 사회적 소수자들이 자신의 권리를 주장할 수 있는 준거가 되어준다. 이러한 주장이 힘을 얻음에 따라 국가 권력의 자의성에 대한 해석도 달라질 수 있다. 사회변화를 통해 해석이 바뀌면서 현행법의 자의성이 높아질 수도 있는 것이다. 사회 내에 다양한 항의 방식을 보장하고, 이를 통해 소수자들의 목소리가 효과적으로 전달되는 것이 중요한 이유다. 그래야 이들이 현재로서는 자신의 견해가 받아들여지지 않더라도, 국가가 자신들을 지배하고 있지 않다고 믿을 수 있다.

정치연구총서 05

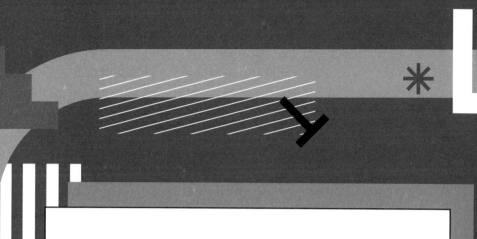

2장
갑을관계와 정의

지배를 수반하는
갑을관계의 해악

앞 장에서 우리가 관심을 가져야 하는 적절한 대상은 지배를 수반하는 갑을관계라는 점을 살펴보았다. 이러한 관계는 왜 부정의하다고 말할 수 있을까?

첫째, 지배는 자기 삶에 대해 자율적으로 합당한 계획을 세우고 이를 성취하는 것을 가로막기 때문이다(Lovett 2019, 155). 우리가 인간다운 삶을 사는 데 필요한 요소는 건강, 생명의 안전, 감정과 관계, 물질적 재화, 적절한 교육 등 여러 가지다. 그중에서도 우리의 의지에 따라 원하는 바를 할 수 있는 자유는 자신만의 고유한 삶을 살아가는 데 있어 중요하다. 그런데 자의적 권력을 행사할 수 있는 갑에게 의존하고 있는 을은 미래의 삶이 갑에 의해 좌우되므로 축소된 삶의 계획을 갖게 된다. 지배에 노출된 대학원생은 지도교수의 눈 밖에 나면 자신이 꿈꾸는 학자로서의 경로를 포기해야 할 수 있고, 전세 세입자는 집주인의 의사에 따라 원하지 않는 이사를 가야 할 수 있으며, 계약직 사원은 정규직이 안 될 수도 있으므로 안정적으로 미래 계획을 세우기 어렵다. 그 결과 지배하에 살아가는 을은 심리적 불안감을 겪게 되고, 갑을 지속해서 의식하면서 지내야 한다.

둘째, 지배하에 놓인 을은 강요된 의지에 따라 실제로 자신이 원하지 않는 일을 해야만 하는 상황에 직면하게 됨으로써 직접적·간접적 착취를 겪을 수 있다(Lovett 2019, 155–156). 예를 들어, 우월적 지위를 지닌 공급업자는 대리점에 물품을 강매하거나 판촉 행사 비용을 떠넘기거나 인테리어 변경 등을 요구하지만, 계속적 거래 중인 대리점은 계약 종료나 보복 조치에 대한 우려로 인해 이를 거절하기 어렵다. 공급업자가 대리점이 처한 상황을 이용해서 원치 않는 선택을 강요하고, 이익을 강제로 추출할 수 있는 것이다. 또한 을은 직접적으로 강요당하는 상황을 겪지 않기 위해 갑의 행동을 전략적으로 예측해서 자신이 지닌 사회적 재화를 스스로 알아서 넘겨주기도 한다. 계약 해지와 같이 보다 암울한 상황에 처하지 않기 위해 자신의 실제 의지와 상반되는 의지에 따라 내키지 않는 행위를 하는 것이다.[28] 그럼에도 명시적인 강요를 받지 않은 경

---

28) 프랭크퍼트는 강요로 인한 행위에서 실제로 행위를 유도하는 동기는 원하지 않는 의지, 즉 자신의 것이 아니기를 원하는 의지라는 점에서 행위자의 자율성(autonomy)을 침해한다고 말한다(Frankfurt 1988, 41–42).

우, 본인이 원해서 그러한 행위를 한 것으로 비칠 수 있다. 그러나 지배 관계에서는 암묵적인 강요에 따라 자신이 진정으로 선호하는 행위를 바꿀 가능성이 크며, 이 과정에서 간접적인 착취가 발생한다.

셋째, 을은 관계가 잘못되면 생계와 같은 기본적 이익이 위협받을 수 있어서 갑의 부당한 요구를 참고 견디는 경우가 많고, 그 결과 자존감이 낮아지고 심한 경우 만성적 무력감에 시달릴 수 있다(Lovett 2019, 157). 부당한 일을 당했을 때 분노하거나 항의하는 것은 상대방에게 그러한 행위가 잘못되었다는 신호를 보냄으로써 같은 행위가 반복되는 것을 막아주는 역할을 한다. 그런데 을은 그렇게 할 경우 더 큰 피해를 입을 수 있기 때문에 갑의 자의적 권력 행사를 감내하려고 한다(조계원 2019b, 192). 누군가에게 의존하고 있다고 해서 그 자체로 자존감이 낮아지는 것은 아니다.[29] 상대의 손아귀에 내가 이리저리 휘둘릴 수 있는데 나는 할 수 있는 게 없다는 사실, 상대가 이를 알고 나에게 의도적으로 굴욕을 안겨줄 수 있다는 사실에서 무력감을 느끼게 된다(Bieri 2014, 63–67).

실제로 2018년 10월에 진행된 설문조사 결과에 따르면, ‘갑질’에 노출된 경험이 많을수록 개인 삶의 만족도가 급격히 낮아졌다. ‘갑질’을 경험하지 못한 집단 중 자기 삶에 만족한다는 응답은

---

29) 타인의 의지에서 독립하기 위해 사회적으로 고립된 상태에 놓이거나 의존을 완전히 없애야 하는 것은 아니다. 개인이 지닌 선택의 자유와 양립할 수 없는 것은 적대적 의존이다. 이는 의존하는 사람의 허락을 받지 않거나 합당한 자격 없이 의존 받는 사람의 의사에 따라 자의적인 간섭이 이뤄질 수 있는 관계를 뜻한다(Pettit 2019, 113).

61%였고, 한두 번 경험하는 데 그친 집단에서는 53%로 과반을 넘었지만, '매우 자주 당했다'라거나 '가끔 당하고 있다'고 응답한 집단은 30%대에 불과했다. '갑질'에 노출되고 적응하는 과정에서 자신이 상대보다 열등한 존재라는 것을 인정해야 하기 때문이다. 게다가 이를 통해 손상된 자존감을 회복하기 위해 자신보다 취약한 또 다른 을에게 되갚아주려는 모습을 보이는 '갑질의 악순환'도 나타났다(조계원 2019a, 84-86). 이것은 손상된 자존감을 보상받기 위해 자신보다 취약한 대상에게 되갚아주려는 것으로, 그렇게 여겨질 뿐 실제로 자존감을 높여주지는 않는다. 자존감 하락을 가져오는 사회적 관계의 취약성은 달라지지 않기 때문이다.

지배 관계는 이와 같은 해악을 초래하므로 우리는 가능한 한 지배를 줄여야 할 의무를 지닌다. 지배받지 않고 살아가는 것은 인간의 좋은 삶에 있어 중요할 뿐만 아니라 모든 시민의 동등한 사회적 지위를 보장하는 데도 필수적 요소다. 그러므로 다른 것이 동일하다면, "사회는 개별 구성원이 겪는 지배를 평등하게 간주하면서, 이들이 경험한 지배의 기대 총합을 최소화할 수 있도록 사회의 기본구조가 조직되어 있는 만큼 정의롭다"(Lovett 2019, 189-190)고 할 수 있다. 이는 지배에 대한 선호와 관계없이 추구되어야 한다. 대부분 사람은 분명 지배받지 않고 살아가는 것을 선호하겠지만, 그렇지 않은 경우도 가능하기 때문이다. 다음의 사례를 생각해보자.

지속해서 남편에게 가정폭력을 당해 온 여성이 있다. 이웃들의 신고로 경찰이 찾아가면, 여성은 한사코 자신은 괜찮다고 말하면서 경찰에게 돌아가라고 말한다. 심한 폭행을 당한 어느 날 자녀들의 신고로 여성은 가정폭력 피해자 보호시설(쉼터)에 들어간다. 여기서 심리 상담과 치료를 받는 한편, 자립자활교육을 받는다. 수사 및 재판과정에 필요한 지원 및 서비스도 제공된다. 그런데 여성은 남편의 처벌을 원하지 않는다. 보호 기간 6개월이 지나자 그녀는 자녀들의 반대에도 불구하고 남편에게 돌아가겠다고 말한다. 우리는 이 여성의 선택을 존중해야 하는가? 여성이 남편의 지배하에 살아왔다는 것은 너무나 명백하다. 그런데 여성은 다시 남편의 지배를 받으며 살아가는 것을 선택한다. 이처럼 지배하에서 살아가는 것에 '동의'한 경우에도 우리는 지배를 줄여야 하는가?

지배에 '동의'했다고 말할 수 있는 사례는 크게 두 가지로 설명할 수 있다. 하나는 개인이나 집단이 지배받는 것을 딱히 싫어하지 않거나 심지어 이를 원하는 특이한 선호가 있는 경우다. 다른 하나는 지배를 받는 것과 훨씬 더 나쁘다고 여겨지는 다른 대안 중에서 선택을 내려야 하는 암울한 선택 시나리오에 직면해서 전자를 선택한 경우다(Lovett 2019, 174-175). 남편에게 돌아가길 원하는 여성의 경우는 후자일 가능성이 크다. 그녀는 남편의 지배를 받으며 인간의 번영에 심각한 장애가 되는 착취와 불안정, 자존감의 감소를 경험했을 것이며, 그녀의 결정은 이것이 초래한 무력감의 결과일 수 있다. 자신의 경제적 능력만으로 자녀들과 함께 살아가는 것은 사실상 불가능하다고 보고, 이보다는 남편의 지배를 받으며 사는 편이 더 낫다고 여기는 것이다. 이 경우 그녀의 선택에 맡기는 것은 다시 폭력이 발생하길 기다리는 것이나 다름없다. 또한 이는 가정폭력을 저지른 남편들에게 배우자를 철저하게 자신에게 종속시키면 이를 지속해도 아무런 제재를 받지 않는다는 메시지를 사회적으로 전달한다. 이를 통해 (잠재적인) 가해자들은 가족 내에서 얼마든지 구성원을 지배해도 괜찮다고 생각할 수 있다. 이를 고려할 때, 그녀의 선택으로 남겨두기에는 그로 인해 본인과 자녀, 잠재적인 가족 폭력 피해자에게 줄 수 있는 부정적 영향이 너무 크다. 이 같은 경우, 지배를 줄이기 위한 사회적 개입은 정당화될 수 있다.

그렇지만 발생할 수 있는 폭력을 방지하기 위한 것이라고 하더라도 당사자의 의사를 무시하는 직접적인 개입은 가장 효과적인 수단이 아닐 가능성이 크다. 당사자가 국가의 강요를 받는다고 여긴다면, 다른 측면에서 사유의 손실을 가져올 수 있기 때문이다. 이보다는 여성에게 지속적인 자립자활교육을 제공하는 등 더 나은 선택지를 제공하는 것이 바람직하다. 그렇게 되면 일반적인 선호를 가지고 있을 경우, 스스로 지배를 선택하지 않게 될 것이다 (Lovett 2019, 176). 또한 그녀가 남편과 함께 살지 못하도록 강제하기 어렵다면—여성의 남편에 대한 주관적 의존이 높다면—, 우리는 남편의 자의적 권력 행사를 줄일 방안을 고민해야 한다.[30] 가정폭

---

30) 현행 「가정폭력처벌법」에서는 가정보호사건의 처리에서 "피해자의 의사를 존중"(제9조)하도록 되어 있다. 그러나 처벌을 원할 경우 가해자에게 보복당할 가능성이 크고, 벌금형이 내려져도 그 피해를 함께 져야 하는 상황에서 피해자가 처벌을 요구하기란 쉽지 않다. 이 경우 피해자의 의사 존중이 오히려 절차 진행 과정에서 압박을 안겨주는 요인이 될 수 있다(윤정숙 외 2017, 579).

력 가해자에게 일정 기간 심리치료를 받도록 의무화[31]하고, 주기적으로 해당 가정을 방문해서 관찰을 지속하며, 상습적인 가정폭력 가해자의 경우에는 피해자의 동의 없이도 처벌할 수 있도록 하는 법 개정 등을 생각해볼 수 있다.

그렇다면 다음의 경우를 보자. 어떤 여성이 경제적 어려움이 없음에도 불구하고 사치를 위해 성매매를 선택했다고 가정해보자. 이 경우에도 우리는 지배를 줄여야 하는가? 이는 성매매 외에는 다른 생계 수단이 없어 이를 선택하는 경우, 즉 암울한 선택 시나리오에 직면한 경우가 아니다. 그렇다면 앞에서 말한 두 가지 중 첫 번째 사례인 특이한 선호를 가진 경우에 해당한다. 이 여성은 자신의 성을 상품화하는 것을 부정적으로 여기지 않는 예외적인 선호를 가지고 있다. 일반적으로 성구매자-성판매자 사이의 관계는 지배 관계로 볼 수 있다. 금전적인 대가를 얻기 위해 성판매자는 성구매자에 의존적일 가능성이 크고, 성구매 남성은 자신이 대가를 지불했다는 이유로 성판매 여성의 인격이나 감정을 고려하지 않고 여성을 성적인 도구로 대상화해서 자신의 욕구를 강요할 가능성이 크다. 특히 현행 「성매매처벌법」하에서 성판매자는 성매매가 발각되어 수사받게 될 경우 형사처벌을 받을 수 있어서 성구매

---

31) 「가정폭력처벌법」에서는 검사가 가정폭력행위자의 성행 교정을 위해 필요하다고 인정할 경우 상담 조건부 기소유예 처분을 할 수 있도록 되어 있다. 이러한 제도가 가정폭력을 경미한 범죄로 인식하게 만든다는 비판과 함께 폐지해야 한다는 주장도 있다. 그러나 상담을 조건으로 가해자의 행동 변화를 유도할 수 있다는 점에서 가치가 없다고 볼 수 없으므로, 재범 위험성이 높고 상습범에 해당하는 경우 대상에서 제외하는 것이 바람직하다(윤정숙 외 2017, 578).

자와의 관계에서 불평등한 지위에 놓이게 된다.[32] 그래서 자신을 보호해줄 포주나 범죄조직 등에 더 의존하게 된다. 이러한 상황에서 성판매자는 성구매자의 자의적 권력 행사에 노출된다고 볼 수 있다. 해당 여성이 자발적으로 성판매자-성구매자 관계에 들어갔다고 해서 지배하에 놓이지 않았다고 말하기는 어려우며, 일단 그러한 관계에 들어가게 되면 이탈하기 쉽지 않다. 가능하기는 하지만 이는 운이 좋은 경우일 뿐이다. 그래서 당사자의 인지 여부에 상관없이 이 여성은 지배하에서 삶의 번영을 누리기 어렵기 때문에 그녀의 지배를 줄여야 할 의무가 존재한다(Lovett 2019, 178). 성판매자의 자율적인 판단에 따른 비난 가능성과 책임은 존재하지만, 이에 따라 감당해야 하는 지배의 정도가 크기 때문에 이를 방치해서는 안 된다.

또한 「성매매처벌법」에 따르면 해당 여성이 자발적으로 성매매를 선택했다고 하더라도, 그 의사에 반해 이탈을 제지당하거나 포

---

32) 성매매 관계를 맺을 때 성구매자와 성판매자 모두 이 행위가 불법이라는 사실을 알고 있는 상황에서 두 사람 모두 이러한 행위로 인해 법적으로 처벌받지 않길 원한다고 가정하는 것이 합리적이다. 이때 성구매자 남성이 성판매자 여성에게 지불의 대가로 약속된 방식이 아닌 형태로 자기 성적 욕구를 충족시켜 주길 원한다고 해보자. 여성은 거부 의사를 드러내지만, 남성은 완력을 이용해 자신의 욕구를 충족하려고 할 수 있다. 남성이 그렇게 행동해도 된다고 생각하는 이유는 여성이 자신을 신고하지 못한다는 것을 알고 있기 때문이다. 신고하겠다는 여성의 위협은 신뢰성이 낮아 작동하기 어렵다. 여성이 신고해서 얻는 혜택이 그로 인한 비용보다 낮기 때문이다. 여성이 이 관계에서 이탈하기 위해서는 스스로 남성을 제압하거나, 포주를 이용해 자신을 보호해야 한다—즉, 여성의 객관적·주관적 이탈 비용이 남성보다 더 높다. 여성은 성매매 과정에서 남성이 자신에게 자의적으로 권력을 사용할 수 있다는 것을 알지만 수입 등을 위해 그러한 관계를 맺게 될 경우, 남성이 그러한 권력을 행사하지 않기를 바랄 수밖에 없다. 만약 여성의 주관적 이탈 비용이 낮다면, 이는 구매자의 성향을 잘 파악해 그가 무리한 요구를 하지 않도록 환심을 사는 능력이 뛰어나거나, 포주 등이 자신을 신속하게 보호해줄 것이라고 확신하는 경우일 것이다.

주 등에 대한 의존이 증가해 성매매에서 벗어나지 못하는 경우 성매매피해자로 볼 수 있다. 이러한 여성에게 자활지원금을 지급하는 것은 성매매피해자가 성매매 관계에서 벗어날 수 있는 이탈 비용을 낮춰 지배를 줄여줄 수 있다. 성매매피해자가 겪는 지배의 심각성을 고려할 때 이들에게 지배를 피할 수 있는 기회를 제공하는 것은 사회 전반의 지배를 낮추는 효과를 지니므로 사회정의 측면에서 바람직하다고 하겠다.[33]

지배를 줄여야 하는 이유가 단지 사람들이 이를 선호하기 때문이어서는 아니다. 지배에 동의했다고 볼 수 있는 경우에도, 우리는 이 사람의 지배를 줄여야 할 의무가 있다. 타인의 지배를 받지 않고 자율적으로 자기 삶을 살아가는 것은 존엄한 삶의 문제이고, 개인이 지배를 선택했다고 해서 이를 방치해서는 안 된다.

> "존엄성이란 각 개인이 스스로 결정할 수 있는 문제다. 그러나 존엄은 개인이 마음대로 할 수 있는 것, 그 이상의 무엇이다. 그것은 개개인에 관한 문제에 그치지 않고 그보다 한층 더 광대하고 객관적인 것으로서, 개인적인 차원을 넘어선다. 즉, 삶의 전반적 형태라는 특성을 띤다. 그래서 존엄성은 법적 장치를 통해 보호된다. 이는

---

33) 지방자치단체의 성매매피해자 자활지원조례에 대한 반대 여론도 존재한다. 지원금 지급에 대한 사회적 반발은 성매매 자체에 대한 부정적 시각에 기초한다. 사회 내의 지배를 최소화하려는 관점에서 볼 때, 지배의 심각성을 우선적으로 고려해야지 해당 사회관계에 대한 사회적 인식을 근거로 판단해서는 안 된다.

개인의 자유로운 의사결정권보다 상위에 있는 가치다. 그러므로 누구든 자신의 존엄을 마음대로 내던져서는 안 된다"(Bieri 2014, 36).

개인의 책임을 중시하는 입장에 따르면, 당사자가 자발적으로 동의했다면 그에 따르는 불이익은 본인이 감수해야 한다. 그러나 우리는 누구나 잘못된 선택을 내릴 수 있다. 동의했다는 이유만으로 그에 대한 책임을 당사자가 전적으로 지도록 하는 것은 사회 전반적인 지배를 높이게 된다. 더구나 개인에게 지배를 피할 수 있는 기회와 정보가 충분히 주어졌다고 하더라도 인간은 비합리적 선택을 할 수 있다. 인간의 많은 의사결정은 모든 부분을 빈틈없이 고려해서 이뤄지는 것이 아니라, 제한된 인지적 범위 내에서 내려지기 때문이다. 잘못된 결정으로 그 사람이 심한 지배를 겪도록 방치하기보다는 스스로 자신의 비지배 자유를 제약하는 선택을 내리지 않도록 예방하고, 그러한 선택을 내린 사람을 구제하는 것이 바람직하다. 물론 개인의 자발적인 선택에 국가가 개입하게 되면 온정적 간섭주의(paternalism)라는 비판을 받을 수 있다. 개인의 자율성과 책임을 약화시키고, 국가에 대한 의존을 늘린다는 비판이다. 그러나 개인의 오류 가능성을 인정하고, 잘못된 선택으로 인해 삶이 송두리째 파괴되지 않도록 돕는 사회가 더 품위 있는 사회라고 할 수 있을 것이다.

그렇다고 해서 서로 다른 기본적 선이 충돌할 때 무조건 비지배를 우선시해야 한다고 주장하는 것은 아니다.[34] 당장 생계를 유지하기 위해 직장 내 괴롭힘이 심각하다고 알려진 회사에 취직한 사람을 비난할 수 있을까? 그렇지는 않다. 왜냐하면 그 사람도 '다른 것이 동일하다면' 지배가 낮은 회사를 원했을 것이기 때문이다. 물론 '다른 것이 동일하다면'이라는 가정은 분명 비현실적이다. 이 말은 자칫 '다른 것이 동일하지 않으면' 비지배를 선택하지 않아도 된다는 의미로 해석할 수 있다. 그러나 비지배는 다른 선에 비해 상당한 비중을 두어야 한다는 점에서 특별히 중요한 기본적 선이다(Lovett 2019, 168). 그래서 다른 선 때문에 비지배를 포기하는 선택을 하지 않도록 관심을 기울여야 한다. 생계를 위해 굴욕을 감수해야 하는 삶은 비참함을 수반한다. 소위 '먹고사니즘'—경제적으로 이득이라면 다른 것들을 모두 무시해도 좋다는 생각—은 우리의 삶을 너무나 황폐하게 만든다. 우리는 사는 것처럼 사는 삶, 좋은 삶, 존엄한 삶을 원한다. 그러한 삶에 비지배는 필수적이다. 비굴함을 감수해야 하는 불안한 생활 속에서 우리는 결코 좋은 삶을 살 수 없기 때문이다.

---

34) 비지배는 포기하기에는 너무나 중요한 인간의 선이다. 그러나 비지배에 항상 높은 가치를 두게 되면, 선에 대한 서열을 매길 수 있다는 약한 도덕적 일원주의와 연결되게 된다(Lovett 2019, 166~167). 이는 가치의 다원성을 인정하는 현대 사회와 충돌하게 된다. 그렇지만 우리는 사회 속에서 일정하게 어떤 선이 중요하다는 생각을 공유한다. 이를 기본적 선이라고 부를 수 있다. 생명, 최소한의 영양 공급과 건강, 안전과 신체 보전, 최소한의 물질적 수준과 교육 등을 예로 들 수 있다. 무엇을 기본적인 선으로 볼 것인지는 사회마다 달라진다. 그러나 인간에게 필요한 기본적인 선이 있다는 것(이러한 선이 다른 선보다 중요하다는 것)에는 합의할 수는 있다. 이러한 잠정적 합의에 기초해서 특정한 기본적 선의 보장에 더 높은 가치를 둘 수는 있는 것이다. 물론 이에 대해서는 합당한 불일치가 존재할 수밖에 없다.

비지배가 최고의 선은 아니다. 후발개발도상국 국민의 경우, 비지배 증진보다 경제성장을 우선시해서 권위주의 정부를 수용할 수도 있다. 그렇다고 해서 이들 국민이 더 발전된 국가의 국민보다 비지배를 덜 선호한다고 볼 이유는 없다. 비슷한 수준으로 경제성장이 이뤄졌다면, 이들 나라의 국민도 비지배를 선호했을 것이기 때문이다. 그렇다면 비지배는 일정한 경제성장이 있어야만 누릴 수 있는 것일까? 경제성장이 낮은 나라의 국민이 비지배 자유의 증진을 요구하는 것은 배부른 소리에 불과한 것일까? 절대적 빈곤과 같이 최소한의 물질적 조건이 충족되지 않는 상황에서 자신의 자유를 포기하는 선택을 할 가능성이 큰 것은 사실이다. 그러나 언제까지나 경제성장을 위한 독재가 용인되지는 않는다. 일정 수준 이상의 물질적 수준이 충족되고 나면, 물질적 수준이 증가하더라도 그에 따른 비지배의 손실이 더 가파르게 증가하기 때문이다. 지배를 줄이려는 선택은 대가가 따르지만, 지배를 유지하려는 선택에도 대가가 따른다. 비지배와 다른 사회적 선이 상충하는 상황에서 균형점은 사회가 처한 여건에 따라 달라질 수 있다.

지금까지의 주장은 비지배가 기본적 선이라는 전제에 기초한다. 이러한 전제를 받아들이지 않는 사람에게 지배를 줄여야 하는 도덕적 의무를 어떻게 설득할 수 있을까? 이에 대한 공화주의자의 답변은 모두가 타인들에 대해서 취약해질 수 있다는 것이다. 어떤 사람이 특정 사회관계에서 지배하는 위치에 있다고 하더라도, 현재 맺고 있는 그리고 앞으로 맺게 될 모든 사회관계에서 지배하는 위치에 있을 수는 없다. 사회적 권력은 상대적이기 때문에 자신도 언제든 취약한 입장에 놓일 수 있는 것이다. 그래서 타인이 겪는 지배에 관심을 두고 이를 줄여야 자신이 겪을 수 있는 지배도 줄어들게 된다. 물론 현재 자신이 지배하는 관계가 지배받는 관계보다 훨씬 더 많다면, 이러한 필요성을 느끼지 않을 가능성이 크다. 그렇다고 하더라도 그 사람이 취약한 입장에 놓일 수 있다는 사실은 달라지지 않는다. 신이 아닌 이상 자신의 모든 삶을 완벽히 통제하는 것은 불가능하다.[35]

---

35) 지배가 주체에게 안겨줄 수 있는 부정적 영향을 주장할 수도 있다. 그러나 이러한 주장에 기초할 경우 자칫 지배가 주체에게 도움이 된다면, 지배를 줄이지 않아도 되는 이유가 될 수 있다는 위험성이 있다(Lovett 2019, 161–165).

갑을관계와
분노

한국 사회에서 갑을관계 문제는 주로 특정 개인이나 기업의 비인격적·불공정 행위가 '갑질'로 SNS 등을 통해 알려지면서 대중적 공분을 일으키는 방식으로 사회화되어 왔다. 이러한 분노는 두 가지 측면에서 평가할 수 있다. 분노가 행위의 부당함이나 불공정성에 초점을 맞추고 재발을 막기 위한 미래지향적인 계획을 담고 있을 경우에는 건설적으로 작용할 수 있다. 여기에는 '이건 남의 일이 아니야. 나와 내 주변 사람도 언제든 비슷한 일을 겪을 수 있어. 어떻게 이런 일이 일어나는 것을 막을 수 있을까?'와 같은 사고가 담겨 있을 가능성이 크다.[36] '직장 내 괴롭힘의 금지'에 관

---

36) 누스바움은 부당한 피해가 발생했다는 사실에 초점을 맞추고, 미래에 이러한 행위가 일어나지 않도록 하는 목표를 지닐 때 일상에서 분노가 긍정적으로 작용할 수 있다고 주장한다. 이를 '이행–분

한 조항을 추가한 「근로기준법」 개정(2018년 12월)이나 '위험의 외주화'—유해하고 위험한 업무가 하청노동자에게 전가되는 현상—를 방지하기 위한 「산업안전보건법」 개정(2018년 12월) 등은 갑을관계 문제를 둘러싼 사회적 공감대가 반영된 결과라고 할 수 있을 것이다. 분노가 단순히 가해자에 대한 비난에 그치는 것이 아니라 그러한 행위가 어떠한 법적·제도적 공백 속에서 나타나게 되었는지에 초점을 맞추고 이를 개선하기 위한 노력으로 이어진다면 긍정적인 사회변화의 동력이 될 수 있다.

다음 표는 2013년부터 2021년까지 '갑질' 사건으로 이슈화된 대표적인 사례들을 정리한 것이다. 시장지배적 지위를 이용한 불공정 거래행위부터 조직이나 직장 내 괴롭힘에 이르기까지 다양한 갑을관계에서 나타나는 자의적 권력 행사로 인한 문제가 '갑질'로 호명되고 있음을 알 수 있다. 대체로 '갑질'이라는 용어가 등장하기 전부터 존재해왔던 갑을관계 문제가 이 용어를 통해 공론화되었다고 하겠다. 큰 틀에서 보면, 1987년 민주화 이후 정치적 차원에서의 민주주의가 공고화됨에 따라, 경제적 측면에서의 민주화에 대한 요구가 일상적 차원에서 나타나는 비민주적 의식, 태도, 행위, 관행에 대한 개선을 촉구하는 생활세계의 민주화에 대한 요구와 결합되어 이 용어로 표출되고 있다고 볼 수 있다. '경제 민주

노'(Transition-Anger)라고 부르는데, 가해자에게 되갚아주고자 하는 욕구를 지니지 않고 피해자의 회복이나 동일한 피해 방지와 같은 개인적·사회적 차원의 복지를 증진시키는 생산적이고 미래지향적 사고를 내재하고 있는 경우를 말한다(Nussbaum 2018, 90-93).

갑을관계의 정의론

화' 담론으로 대변되는 전자의 요구가 권위주의 산업화가 남긴 재벌 중심적 경제구조를 개혁하고 경제적 불평등을 완화하는 데 관심을 갖는다면, 후자는 일상의 비대칭적 권력관계에서 발생하는 권위주의적·차별적 행위를 시정하는 데 초점을 둔다(정한울·조계원 2019, 108). 민주주의 체제하에서 살고 있지만 삶 속에서 민주주의를 경험하지 못하고 있다는 불만이 '갑질'에 대한 분노로 표출되고 있다고 본다면, 상대적 약자인 을에 대한 공감적 이해 속에서 갑과 을이 보다 수평적으로 상호작용할 수 있는 토대를 만드는 데 일차적으로 관심을 가질 필요가 있다.

갑을관계 유형과 '갑질' 방지 대책

갑을관계 유형	'갑질' 사례	방지 대책
공급업자-대리점	남양유업 대리점 상품강매 (2013년), 현대모비스 물량 밀어내기(2017년)	「대리점거래의 공정화에 관한 법률」 제정 (2015년 12월)
가맹본부-가맹점	미스터피자 불공정 행위(2016년), 바르다김선생 비식자재 품목 구매 강제(2017년)	「가맹거래사업 공정화에 관한 법률」 시행령 개정 (2018년 3월)
원청-하청업체	전속거래 압력 자동차 부품 하청업체 부도(2018년), 조선사 부당행위(2020년)	「하도급거래 공정화에 관한 법률」 개정 (2018년 1월)
대규모 유통업자-납품업자	농협유통 납품업자 상대 무단 반품·불법파견(2019년), 이마트에브리데이 부당반품과 파견종업원 부당 사용(2021년)	「대규모 유통업에서의 거래 공정화에 관한 법률」 개정 (2018년 9월), 공정위 과징금·과태료 부과

갑을관계 유형	'갑질' 사례	방지 대책
소비자- 감정노동자	포스코 임원 기내 승무원 폭행 (2013년), 백화점 VIP 고객 폭언(2014년)	'직장 내 괴롭힘의 금지'에 관한 조항을 추가한 「근로기준법」 개정(2018년 12월)
오너/CEO- 피고용인	땅콩 회항(2014년), 개인 운전기사 폭언·폭행(2015년, 2016년, 2017년), MPK 그룹 회장 경비원 폭행(2016년), 한국미래기술회장 폭언·폭행(2018년)	
상급자- 하급자	간호사 '태움' 자살(2018년)	
	육군 대장 부부 공관병 사적 운용 (2017년)	공관병 제도 폐지 (2017년 9월)
	업무상 위력에 의한 성폭력(2018년)	업무상 위력 등에 의한 간음죄 형량 상향(2018년 10월)
원청- 하청업체 노동자	구의역 스크린도어 정비업체 직원 사망(2016년), 태안화력발전소 협력업체 직원 사망(2018년)	'위험의 외주화'를 방지하기 위한 「산업안전보건법」 개정 (2018년 12월)
고용주- 인턴/견습생	이상봉 디자인실 '열정페이'(2015년), 위메프 채용 갑질 논란(2015년)	고용노동부 '일 경험 수련생 가이드라인' 시행(2016년 9월)
입주민- 아파트 경비원	입주민 아파트 경비원 폭행 사망 (2018년) 외 다수	정부 '공동주택 경비원 근무환경 개선 대책' 발표(2020년 7월)
교수- 대학원생	강남대 회화디자인과학부 교수 가혹행위(2015년)	국가인원위원회 대학원생 인권장전 마련 권고(2016년 12월)
상가 임대인- 임차인	궁중족발 사건(2018년)	「상가건물 임대차보호법」 개정 (2018년 9월), 건물주-임차인-지방 자치단체 상생협약

다른 한편으로, 대중의 분노는 공식적인 절차를 통해 거의 처벌을 받지 않는 갑에게 직접적인 모욕을 안겨줌으로써 이들에게 복

수하려는 욕구를 수반하기 쉽다. 인터넷이나 SNS는 일상에서는 크게 권력을 행사하지 못하고 부당한 대우만 받던 을들에게 손쉽게 권력을 행사할 수 있는 수단을 제공하기에, 이들은 이를 통해 응보적 욕구를 표출할 수 있다. 가령, 특정인의 개인 신상정보를 수집해 이를 인터넷에 배포함으로써 그 사람의 평판을 떨어뜨리고 집단적인 비난을 유도하는 소위 '신상 털기'를 예로 들 수 있다. 이 경우 분노에는 사회적 권력을 갖지 못하거나 사회경제적으로 억압받고 있는 사람들이 강자에 대해 가진 '원한'(resentment)을 해소하고자 하는 심리가 자리 잡고 있다. 그 결과, 갑이 저지른 부당한 권력 남용에 대해 분노했다고 하더라도 이 문제를 특정 개인의 탓으로 돌림으로써 문제가 발생하게 된 사회적 조건이나 원인을 개선하기 위한 노력을 도외시할 수 있다(조계원 2019b, 192-193).

> "잘 알려진 사람들이 도마에 올랐을 때 인터넷에서 종종 벌어지는 공격적이고 추잡한 포르노적 대상화를 상상해보자. 여기서 우리는 '노예반란'과 비슷한 무엇인가를 볼 수 있다. 힘센 이들이 고통받고, 무력하며, 쉽게 파괴될 수 있는 것으로 그려지는 것이다. 그들에 대해 환상을 품은 이름 없는 인물은 스스로 지배권을 가졌다고 느낀다. 환상 속에서, 그는 유명 인사들이 더 이상 자율적이지 않거나 행복하거나 자유롭지 않은 세계, 한때 그에게 권력을 행사했던 이들에 대해 그가 역으로 권력을 행

사하는 세계를 창조한다. 이것은 일종의 노예반란이다. 하지만 새로운 가치를 창출하지는 않는다.……현실 세계에서 그에게 권력을 행사하는 유명 인사들 위에 군림하는 그들의 환상은 불안정하고, 언제라도 폭로될 수 있다. 그런 환상은 세상을 바꾸지 못한다"(Nussbaum 2012, 131-132).

이런 점에서 대중의 분노가 가해자에 대한 망신 주기나 응보적 처벌에서 부당한 행위를 막기 위한 사회적 관심으로 이행할 수 있도록 만드는 정치의 역할이 중요하다. 지속해서 모욕감이나 비굴함을 겪어야 하는 사회적 관계에서 약자들은 지배와 존엄성을 교환해야 하는 암울한 선택지에 직면해 있을 가능성이 크다. 자신의 존엄을 지킬 수 있는 수단이 사실상 결여되어 있다는 인식은 자존감을 떨어뜨리고, 무기력을 키운다.[37] 이처럼 사람들이 모욕을 느끼도록 방치하는 사회에서는 동등한 가치의 인정이 아니라 타인을 통제하고, 손상된 자존감을 회복하려는 환상에서 나온 분노가 늘어난다. 생존을 위해 스스로 선택한 것에 각자 책임질 수밖에 없다

---

37) 지배를 받는 것을 선택한 사람들은 '어쩔 수 없었다'고 자신의 행위를 합리화하는 것에 그치지 않을 수도 있다. 자신과 같은 선택을 하지 않은 사람들을 보면, 자신의 선택이 갖는 불가피성이 줄어들기 때문에 이들이 자신과 같은 입장에 처하길 원한다. 이는 일종의 시기의 감정으로 볼 수 있는데, 시기하는 사람이 고통을 느끼는 까닭은 경쟁자가 좋은 것들을 가지고 있는데 자기는 가지지 못했다고 여기기 때문이다(Nussbaum 2018, 122-123). 다른 사람이 자유나 저항을 선택했다는 사실은 자신이 그렇지 못했다는 사실을 떠올리게 만들어 괴로움을 안겨준다. 그러한 괴로움이 분노로 바뀌면 상대를 자신과 같은 위치로 끌어내리고 싶어진다. 이 과정에서 스스로 지배자의 논리를 수용하고 내면화할 수 있다.

는 답만 들려온다면 우리 사회는 분노가 넘치지만 아무것도 달라지지 않는 사회가 될 것이다. 지배를 수반하는 갑을관계에서 생길 수 있는 해악을 방지할 수 있는 법적·제도적 장치를 마련하는 것이 중요한 것은 이 때문이다. 법과 제도는 이러한 피해를 줄여주고, 피해가 발생했을 경우에도 피해자나 대중이 보복적 분노에 사로잡히지 않도록 막아주는 역할을 한다. 그렇다면 지배를 최소화하는 방안에는 어떠한 것이 있으며, 이것이 법과 제도를 통해 어떻게 뒷받침될 수 있는지 살펴보도록 하자.

지배의 최소화를
위한 전략

       1장에서 개인이나 집단은 다른 개인이나 집단이 자신에게 자의적 권력을 행사하는 사회적 관계에 의존하고 있을 때 지배를 경험한다고 정의했다. 지배의 수준은 세 가지 조건인 의존, 권력 불균형, 자의성의 정도에 따라 달라지는데, 다른 것이 동일하다면 각각의 수준이 낮아질수록 지배도 줄어든다고 할 수 있다. 따라서 갑을관계에서 지배를 최소화하기 위한 전략에는 크게 세 가지 방식이 가능하다.

1. 이탈 비용을 줄여 의존을 낮추는 전략

첫 번째 전략은 사회적 관계에서 이탈할 수 있는 비용을 줄여 을의 갑에 대한 의존성을 낮추는 것이다. 지배당하지 않는 가장 확실한 방법은 해당 관계를 떠나는 것이다. 문제는 떠나고 싶어도 떠날 수 없어서 그러한 관계에 남아 있는 사람들이다. 그래서 실제로 이탈을 선택할 수 있도록 사회적으로 지원해서 그러한 선택지가 이용 가능하도록 만드는 것이 중요하다. 을이 실제로 떠날 수 있다는 사실이 공통의 지식으로 존재하고, 이것이 갑에게 비용을 안겨줄 때, 을은 이탈할 수 있다는 위협을 통해 실제로 이를 이행하지 않더라도 갑의 자의적 권력을 제한할 수 있다. 이탈에 대한 신뢰할 수 있는 위협이 해당 관계 내에서 을의 발언권을 강화하고, 갑의 권력 남용을 줄여주는 것이다(Taylor 2017, 3-4). 가정, 직장, 국가라는 세 가지 영역에서 이러한 전략이 어떻게 적용될 수 있는지 살펴보자.

가정에서 남편에게 학대당하고 있는 여성이 있다고 할 때, 이 여성의 지배를 막는 가장 확실한 방법은 이혼을 통해 해당 관계를 떠날 수 있도록 하는 것이다. 그러나 현행 민법하에서 결혼 관계로의 진입은 자유롭지만, 이탈하는 것은 그렇지 않다. "성년에 달한 자는 자유로 약혼할 수 있다"는 민법 제800조의 규정에 따라 18세가 된 사람은 본인의 자유의사로 결혼할 수 있다. 반면, 이혼은 부부가 협의하거나, 협의가 되지 않을 시 가정법원에 재판상 이혼을 신청해야 한다. 후자의 경우, 이혼 사유는 ① 배우자에게 부정한 행위가 있었을 때, ② 배우자가 악의로 다른 일방을 유기한 때, ③ 배우자 또는 그 직계존속으로부터 심히 부당한 대우를 받았을 때, ④ 자기의 직계존속이 배우자로부터 심히 부당한 대우를 받았을 때, ⑤ 배우자의 생사가 3년 이상 분명하지 아니한 때, ⑥ 기타 혼인을 계속하기 어려운 중대한 사유가 있을 때로 제한된다(민법 제840조).

재판상 이혼 청구에는 유책주의(fault-based divorce)와 파탄주의(no-fault divorce)라는 두 가지 방식이 있다. 유책주의는 배우자가 혼인 의무에 위반되는 행위를 저질러 이혼 사유가 명백할 경우 상대 배우자에게 이혼 청구권을 인정하는 방식이고, 파탄주의는 혼인 관계가 회복될 수 없을 만큼 파탄이 난 경우 어느 배우자에게도 책임을 묻지 않고 이혼을 허용하는 방식이다. 유책주의는 가급적 이혼을 막아 가정을 보호한다는 도덕주의적 논리에 기초한 것으로, 회복 불가능한 부부 관계를 강제로 유지하도록 함으로써 유책배우자는 물론, 상대 배우자 및 다른 가족 구성원의 존엄과 행복추구권을 침해한다는 비판을 받아왔다(이상명 2019, 156). 그래서 대부분의 서구 국가들은 1960~1970년대에 걸쳐 파탄주의로 전환했다(Taylor 2017, 34). 한국은 법으로 규정되어 있는 것은 아니지만 1965년 대법원 판례[38]로 인정된 후 현재까지 유책주의 입장을 고수해

---

38) 대법원 1965.9.21. 선고 65므37 판결.

갑을관계의 정의론

오고 있다. 가장 최근 대법원 판결[39]에서도 7:6으로 기존 입장이 유지되었는데, 파탄주의 도입에 대해 다수의견은 다음과 같은 입장을 밝히고 있다.

"이혼에 관하여 파탄주의를 채택하고 있는 여러 나라의 이혼법제는 우리나라와 달리 재판상 이혼만을 인정하고 있을 뿐 협의상 이혼을 인정하지 아니하고 있다. 우리나라에서는 유책배우자라고 하더라도 상대방 배우자와 협의를 통하여 이혼을 할 수 있는 길이 열려 있다. 이는 유책배우자라도 진솔한 마음과 충분한 보상으로 상대방을 설득함으로써 이혼할 수 있는 방도가 있음을 뜻하므로, 유책배우자의 행복추구권을 위하여 재판상 이혼 원인에 있어서까지 파탄주의를 도입하여야 할 필연적인 이유가 있는 것은 아니다. 우리나라에는 파탄주의의 한계나 기준, 그리고 이혼 후 상대방에 대한 부양적 책임 등에 관해 아무런 법률 조항을 두고 있지 아니하다. 따라서 유책배우자의 상대방을 보호할 입법적인 조치가 마련되어 있지 아니한 현 단계에서 파탄주의를 취하여 유책배우자의 이혼 청구를 널리 인정하는 경우 유책배우자의 행복을 위해 상대방이 일방적으로 희생되는 결과가 될 위

---

39) 대법원 2015. 9. 15. 선고 2013므568 판결.

험이 크다."

혼인 관계 파탄에 책임이 없는 배우자를 보호하기 위해 유책배우자의 이혼 청구를 제한한다는 것이 핵심 논거라고 할 수 있다. 그러나 대법원이 판례를 통해 파탄주의를 도입하더라도, 위자료와 재산분할, 양육비 등에서 무책배우자를 보호할 방법은 존재한다(이상명 2019, 160-161).[40]

문제는 유책주의 유지가 가정폭력 피해자가 지배 관계를 이탈하는 것을 더 어렵게 하고, 이탈하더라도 암울한 상황에 직면하게 할 수 있다는 것이다. 가해자는 협의 이혼을 거부하거나 자신에게 유리하게 조건을 제시할 수 있고, 가정폭력 상황에서 빨리 벗어나기 위해 피해자는 위자료, 재산분할, 양육비 등에서 불리한 조건으로 이를 받아들이는 경우가 많다. 또한 재판상 이혼의 경우 피해자가 상대 배우자의 유책 심각성을 입증해야 하므로 증거가 부족하다면 이혼이 쉽지 않다. 그렇다면 본인의 의사와 상관없이 이혼할 수 없어서 부당한 혼인 관계를 유지해야 하는 상황이 발생할 수 있다. 재판과정에서 법원이 자녀면접교섭사전처분이나 부부상담명령을

---

40) 반대의견도 이러한 점을 언급한다. "혼인 파탄에 책임이 없는 배우자에 대하여 재판상 이혼을 허용할 경우에도, 혼인 관계 파탄으로 입은 정신적 고통에 대한 위자료의 액수를 정할 때 주된 책임이 있는 배우자의 유책성을 충분히 반영함으로써 혼인 해소에 대한 책임을 지우고 상대방 배우자에게 실질적인 손해배상이 이루어질 수 있도록 하며, 재산분할의 비율·액수를 정할 때도 혼인 중에 이룩한 재산 관계의 청산뿐 아니라 부양적 요소를 충분히 반영하여 상대방 배우자가 이혼 후에도 혼인 중에 못지않은 생활을 보장받을 수 있도록 함으로써, 이혼 청구 배우자의 귀책 사유와 상대방 배우자를 위한 보호 및 배려 사이에 균형과 조화를 도모하여야 할 것이다."

권하는 경우도 있어서 가해자와 원치 않는 만남을 가져야 하는 경우도 많다.

파탄주의의 도입은 부부간의 신뢰가 깨져 당사자에게 만족스럽지 않을 때 이탈을 용이하게 하므로 오히려 책임을 강화할 수 있다. 상대가 결혼에서 이탈할 수 있으므로 배우자의 불만에 보다 귀를 기울이고, 자기 행동을 수정할 수 있는 것이다. 파탄주의의 도입이 결혼 관계 내에서의 지배를 막아줄 수 있는 중요한 수단이기는 하지만, 이것만으로 충분하지는 않다. 축출 이혼—경제권을 지닌 쪽이 상대를 쫓아내듯 하는 이혼—의 경우처럼 파탄주의가 경제적 능력이 없는 여성의 취약성을 더 강화할 수 있기 때문이다 (Taylor 2017, 35-36). 위자료, 재산분할, 양육비 등을 통해 의존하는 여성이 이혼으로 인해 불리한 상황에 처하는 것을 방지함으로써 실질적인 형평을 보장하는 것이 필요하다(이상명 2019, 164-168).

가정폭력 피해자의 경우는 더욱더 세밀한 지원이 필요하다. 가해자로부터 피해자를 신속하게 격리하고, 가해자의 접근금지를 효과적으로 집행하는 한편, 피해자의 자립역량을 강화할 수 있는 물질적·정신적 지원 프로그램을 강화해서 해당 결혼 관계에서 이탈할 수 있도록 도와야 한다.

직장 내 괴롭힘과 같이 일터에서 일어나는 지배를 줄이는 방법도 노동자의 사용자에 대한 의존성을 낮추는 방향에서 생각해볼수 있다. 노동자들이 다른 소득의 원천을 갖게 될 때, 다시 말해 다른 직장으로 이직할 가능성이 크거나 실업 급여가 충분할 때 이탈 비용은 적어지며, 그만큼 사용자에 대한 의존도 줄어들게 된다(Bowles, Edwards, and Roosevelt 2009, 395). 국가의 적극적 노동시장 정책도 실직 후 구직 가능성을 높여준다는 점에서 사용자에 대한 의존성을 줄여준다. 이러한 정책들은 노동자의 교섭력을 증가시켜, 사용자와 노동자의 권력 불균형을 보완해줄 수 있다.

이런 측면에서 최근 활발하게 논의되고 있는 무조건적 기본소득은 노동자가 기본적인 생계유지를 위해 어쩔 수 없이 일터에서의 지배를 수용해야 하는 상황을 막아줄 수 있는 대안으로 여겨지고 있다(Pettit 2007; Casassas 2007; 권정임 2016; Lovett 2019, 233-234). 불확실한 미래에 대한 불안 속에서 노동자는 현재의 직장에서 괴롭힘을 감내하는 것과 실업이나 빈곤의 위험에 빠지는 암울한 선택지에 직면할 수 있다. 사실상 대안이 없는 상황에서 노동자는 지배를 선택할 수 있는 것이다. 이런 상황에서 지속 가능한 수준으로 기본소득이 지급된다면, 노동자들이 나쁜 일자리에서 이탈하는 선택지를 이용하기가 용이해진다. 이를 통해 노동자들이 고용의 질이 나쁜 직장을 떠나는 선택을 많이 하게 되면, 그러한 일자리가 줄어드는 효과가 나타날 수 있다(최희선 2017, 39). 기존의 복지 체제에서는 수급 대상자가 되기 위해 소득을 낮게 유지해야 하지만, 기본소득 아래에서는 그럴 필요가 없으므로 근로의욕을 약화시키지 않는다. 기본소득만으로 살아갈 수 있는 사람은 거의 없을 것이므로, 소득을 늘리기 위해 노동할 가능성이 크다. 또한 소득/자산 조사(means test)에 기초한 일반적인 복지 체제와 달리, 무조건적 기본소득은 복지를 담당하는 국가기관의 자의적 재량권이 줄어들 수 있다는 장점이 있다. 일반적인 복지 체제에서는 가정이나 직장 등에서 발생하는 지배를 피하기 위해 국가 기구의 광범위한 관료적 재량권으로 인한 지배를 받아들여야 하는 상황에 처할 수 있는 반면, 무조건적 기본소득은 이런 문제를 피할 수 있는 것이다(Lovett 2019, 234).

사용자가 노동자의 취업을 방해할 목적으로 블랙리스트, 즉 고용기피 대상자 명단을 작성하는 것은 사실상 노동자의 이탈을 무력하게 만들어 노동자의 사용자에 대한 의존을 높인다. 그 결과 노동자들은 노조 설립이나 조합원에 속해 있다는 이유로 취업 등에서 불이익을 겪을 수 있어서 노조 활동의 권리와 같은 노동권을 보장받지 못하며, 사용자의 부당한 요구에 순응하게 된다. 블랙리스트 작성은 "누구든지 근로자의 취업을 방해할 목적으로 비밀 기호 또는 명부를 작성·사용하거나 통신을 하여서는 아니 된다"는 「근로기준법」 제40조(취업 방해의 금지) 위반에 해당된다. 노동자의 국적, 신조, 노동운동 경력, 징계 경력 등 사실상 취업에 영향을 미칠 수 있는 사항을 기재해 사용하거나, 이를 타인에게 알리는 경우다(임종률 2018, 389). 취업을 방해할 목적으로 블랙리스트를 작성한 사람에게는 5년 이하의 징역 또는 5천만 원 이하의 벌금에 처하지만, 이러한 행위가 노동 통제 차원에서 은밀하게 이뤄지므로 잘 드

러나지 않는 경우가 많다.[41]

특히 노동자가 지닌 숙련 기술이 산업 특수적 성격을 지닐 경우, 산업 간 노동이동이 제한적이므로 블랙리스트가 줄 수 있는 부작용은 더 크다. 2017년 거제·통영·창원 등 5개 지역 조선업종 비정규직 노동자를 대상으로 한 설문조사 결과에 따르면 응답자(926명) 중 44.4%(405명)가 블랙리스트가 존재한다고 답했으며, 존재하지 않는다고 응답한 노동자는 10.4%(95)에 그쳤다. 그 이유에 대해서 응답자의 47.6%가 본인이나 주변 동료가 블랙리스트를 경험했다고 답했다. 본인이 블랙리스트를 경험한 적이 있다고 응답한 노동자 중 42.2%(19명)가 취업에 대한 불이익을, 15.6%(7명)가 임금, 징계 및 해고를, 13.3%(6명)가 작업시간에 대한 불이익을, 11.1%(5명)가 감시 및 현장 통제를 겪었다고 답했다. 또한 비정규직 노동자들은 산재 처리 비율이 20%를 넘지 않았는데, 해고·폐업·블랙리스트에 대한 두려움(34.8%)으로 인해 사고나 직업병 발생 시 산재 신청을 하지 않는다는 응답이 가장 많았다. 블랙리스트가 노동자의 건강권을 침해하는 결과를 초래할 수 있음을 보여준다.[42] 이 같은 경우, 블랙리스트는 특정 산업 내 고용주가 공모해서 노동자에 대한

---

41) 2019년 12월 17일, 삼성전자서비스 협력업체 노조를 와해시킨 혐의로 삼성전자 고위 임원들에게 실형이 선고되었다. 삼성그룹 미래전략실에서 작성한 그룹 노사 전략이 실행되었는데, 그중에는 노조를 설립하거나 노조 활동을 할 것으로 우려되는 인물에 대한 동향 파악도 담겨 있다. 서울중앙지방법원 2019. 12. 17. 선고 2018고합557, 704, 756, 828, 918, 926, 927, 1025, 1045, 2019고합20, 442(모두 병합) 사건.

42) 《참여와 혁신》 2017/11/06, http://www.laborplus.co.kr/news/articleView.html?idxno=11913.

분산화된 지배를 가져오는 수단이 된다고 할 수 있다. 블랙리스트 운용을 막을 수 있도록 효과적인 감시와 처벌이 이뤄지는 것은 고용주에 대한 노동자의 의존을 줄일 뿐만 아니라 노동자의 교섭력을 강화하는 결과를 가져올 수 있을 것이다.

마지막으로 국가 차원에서 자유로운 이주를 보장하는 것을 생각해볼 수 있다. 자유로운 이주는 지구화된 세계에서 자본이 향유하고 있는 권리를 노동자에게도 제공함으로써 노동시장에서의 지배를 줄일 수 있다. 국가나 지역 차원에 형성된 노동 카르텔의 효과를 약화시키고, 개발도상국의 노동자들에게 본국의 열악한 노동시장에서 벗어날 수 있는 기회를 제공할 수 있는 것이다. 또한 자유로운 이주는 그 자체로 지배의 원천이라고 할 수 있는 전체주의와 권위주의 체제의 피해자들에게 해당 국가에서 이탈할 수 있는 도피처를 제공한다는 점에서 중요한 의미를 지닌다. 가능한 한 지배를 줄여야 하는 의무가 국가 내 동료 시민들에게만 국한되는 것은 아니다. 정치적인 비판과 경제적 압박을 통해 해당 국가들이 국제적 인권 규범을 따르도록 변화시키는 것도 필요하지만, 난민들을 수용하는 것은 지배를 줄이기 위해 즉각적으로 취할 수 있는 중요한 조치다(Taylor 2017, 114).

1948년 유엔이 발표한 세계인권선언 제13조 2항은 "모든 사람은 자신의 나라를 비롯하여 어떤 나라도 떠날 수 있는 자유를 갖는다"고 규정하고 있으며, 제15조 2항은 "누구도 자신의 국적을 바꿀 권리를 자의적으로 거부당해서는 안 된다"고 규정하고 있다. 자

유로운 이주를 통해 기존 공동체로부터 탈퇴할 수 있는 자유는 무조
건적 자유로, 새로운 공동체에 가입할 수 있는 자유는 조건적 자유
로 보는 것이다. 탈퇴의 자유는 자연권의 일부로 이해되는 반면, 가
입의 자유는 18세기 이후 국민국가로 이뤄진 근대 세계 질서 속에
서 형성된 시민권의 일부로 보는 시각에서 기인한다. 그러나 합리적
인 이유가 아니면 가입이 허용되어야 한다고 보는 점에서 자유주의
적인 보편적 이주의 권리에 보다 방점을 두고 있다고 하겠다(김남국
2019, 326-7).

반면 공화주의자들은 전통적으로 자유로운 이주 허용에 대해 부
정적인 입장을 지녀왔다. 시민이 된다는 것은 단순히 본인의 자발
적 동의로 원하는 공동체에 속하게 되는 것에 그치지 않는다. 이는
'특정한' 정치공동체의 일원으로 살아가는 것을 의미하며, 동료 시
민에 대한 결속적 의무(associative duty)는 공통의 삶에 영향을 주는
법과 정책들에 대해 직간접적인 통제력을 행사하면서 공동의 결정
에 대한 부담을 공유하는 관계에서 파생된다고 보기 때문이다. 그
래서 새로운 공동체에 가입하고자 하는 이민의 자유는 특정한 정
치문화를 공유하는 정치공동체의 권리에 의해 제한될 수 있다고
본다(김남국 2019, 337). 그러나 비지배 자유를 중시하는 국가가 자국
시민에게 특별한 의무를 지닌다고 해서, 다른 나라의 시민에게 아
무런 의무를 지니지 않는다는 뜻은 아니다. 정치적 혹은 경제적 이
유로 심각한 지배에 노출된 다른 나라의 시민을 도와야 할 의무가
존재하는 것이다(Pettit 2019, 246). 이러한 의무를 실행하는 방법에는

여러 가지가 있을 수 있지만, 수용할 수 있는 범위 내에서 절박한 필요에 직면한 난민을 수용하는 것은 지배를 겪는 사람들의 이탈을 돕는다는 점에서 큰 의미를 지닌다.

한국은 다자 조약인 「난민의 지위에 관한 1951년 협약」과 「난민의 지위에 관한 1967년 의정서」에 1992년 가입했으며, 2012년 아시아 최초로 독립적인 「난민법」을 제정했다. 이 법의 시행 이후 난민 인정을 신청한 외국인 수는 급증했는데, 2018년에는 16,173명으로 1994년 4월 14일 난민 인정 신청 접수를 시작한 이래 가장 많은 인원이 신청했다. 코로나19 시기인 2020년에는 6,634명, 2021년에는 2,341명으로 크게 줄었다가, 2022년 11,539명으로 다시 증가했다. 그러나 난민 인정률은 평균 1~2%대에 불과하다. 2022년까지 누적 난민 신청은 84,922건이었는데, 난민 인정자는 총 1,331명(1.5%)이었고 인도적 체류 허가자도 2,485명(2.9%)에 그쳤다.[43] OECD 회원국 중 가장 낮은 수준으로, 한국이 받아들인 난민 수는 세계적 기준으로 보면 미미한 수준이라고 할 수 있다(장영욱 2023, 34).

「난민법」에 따르면 난민이란 "인종, 종교, 국적, 특정 사회집단의 구성원인 신분 또는 정치적 견해를 이유로 박해받을 수 있다고 인정할 충분한 근거가 있는 공포로 인하여 국적국의 보호를 받을 수 없거나 보호받기를 원하지 아니하는 외국인 또는 그러한 공포

---

43) 법무부, 「출입국통계」. https://www.moj.go.kr/moj/2417/subview.do.

로 인하여 대한민국에 입국하기 전에 거주한 국가로 돌아갈 수 없거나 돌아가기를 원하지 아니하는 무국적자인 외국인"(제2조 1항)이다. 박해의 공포로 인해 비자발적 이주를 선택한 사람을 난민으로 규정하고 있다. 이때 박해란 생명과 자유에 대한 위협을 비롯한 심각한 인권위반 행위로 해석될 수 있으며, 향후 발생할 수 있는 모든 형태의 박해를 포함하는 개념으로 볼 수 있다(김희강 2016, 186). 일반적으로 이주 연구에서는 이주를 자발적 이주와 비자발적(강제된) 이주로 나누고, 난민은 경제적인 이유가 아닌 박해로 인해 비자발적으로 이주를 선택한 사람으로 본다. 문제는 이러한 자발성/비자발성 기준에 근거해 난민을 규정할 경우, 그 대상이 매우 한정되고 축소될 수 있으며 난민 보호의 의무를 회피하는 것을 정당화해줄 수 있다는 점이다(김희강 2016, 191-193). 한국의 난민 인정률이 낮은 이유는 이러한 구분에 기초해 인정 사유를 엄격하게 적용하고 있기 때문이라고 볼 수 있다. 그러나 지배의 관점에서 볼 때 실제로 정치적 박해를 당하고 있지 않다고 하더라도 전쟁이나 경제적 기아와 같은 상황으로 인해 국적국을 통해 기본적 자유가 보장되지 않는다고 볼 수 있는 경우, 더 넓은 의미에서 난민을 인정할 필요가 있다.

지금까지 이탈 비용을 줄여 사회적 관계에 대한 의존을 낮추는 전략에 대해 살펴보았다. 이탈할 수 있도록 자원을 지원하고, 경쟁을 촉진하는 방식은 기본적으로 자유시장 모델에 기초한 경제적 접근방식이다. 진입과 이탈이 자유로운 완전경쟁시장에서는 의존이 없으므로 이론상으로는 지배가 발생하지 않는다(Lovett 2019, 62-63). 시장 거래 과정에서 서로에게 행사할 수 있는 영향력의 차이는 강요나 위협을 통한 영향력과 다르다. 시장 교환의 혜택은 서로 다를 수 있지만, 그러한 행위가 자발적으로 이뤄지고 선택의 범위를 확장시키기 때문이다. 그러나 재화와 서비스의 자유로운 교환을 위해서는 약탈적인 가격 책정, 내부자 거래, 시장 조작 등과 같은 지배를 초래하는 요소가 없어야 하며, 차별적인 요소에 기초해 특정한 행위자의 정상적인 선택지들을 박탈해서는 안 된다. 또한 노예계약과 같이 어떠한 재화를 대가로 지배를 수용하거나 감수해야 하는 시장 교환은 금지되어야 한다. 이러한 조건들이 충족된다면, 시장은 의존과 지배를 줄여줄 수 있다(Pettit 2006, 142-144).

그러나 이러한 전략은 공화주의 전통에서는 상대적으로 고려되지 않았다. 사적 이익에 대한 관심이 공공선을 추구하는 시민적 덕성을 악화시킬 것[44]이라고 보는 루소 식의 공화주의 해석이 존재해왔기 때문이다. 또한 독점, 부정적 외부효과, 정부의 간섭 등으로 인해 완전경쟁시장은 현실에서 존재하기 어려우며, 시

---

44) 루소는 『사회계약론』(1762)에서 다음과 같이 상업화된 경제에 대한 부정적 시각을 드러내고 있다. "시민들이 공적 업무를 그들의 주된 사안으로 여기지 않고, 직접 하기보다 지갑으로 복무하길 선호하면, 그 즉시 국가는 이미 파멸에 가까워진다. (……) 상업과 기술에 대한 근심, 이윤에 대한 탐욕스러운 관심, 안락함에 대한 사랑과 나태함, 이런 것들로 인해 직접 해야 할 의무를 돈으로 대신한다. 사람들은 마음껏 수익을 증가시키기 위해 수익의 일부를 양도하는 것이다. 돈을 내라, 그러면 곧 족쇄를 받게 될 것이다. 재정이라는 말은 노예의 말이다. 도시국가에서는 아무도 그 말을 몰랐다. 진정으로 자유로운 국가에서 시민들은 모든 것을 자기 손으로 하며 돈으로는 아무것도 하지 않는다. 그들은 의무에서 면제되고자 돈을 지불하지 않고, 오히려 직접 의무를 수행하려고 돈을 낸다. 내 얘기는 보통의 생각과는 거리가 아주 멀다. 하지만 나는 세금보다 부역이 자유와 덜 모순된다고 생각한다"(Rousseau 2018, 116~117).

장 내에서 취약한 위치에 놓인 행위자들은 종속적 교환(dependent exchange)의 형태로 착취와 부자유를 경험할 가능성이 크다(Dagger 2006, 158–159). 예를 들면, 노동시장은 완전 시장경제가 가정하는 것처럼 사용자와 노동자 간의 수평적인 교환이 이뤄지는 곳이 아니다. 이러한 관계를 이탈하는 데 드는 비용이 사용자보다 노동자가 더 크기 때문이다. 경제적·제도적 지원을 통해 이러한 비용을 낮출 수는 있겠지만, 노동시장 내에서 사용자와 노동자 사이의 근본적 격차를 없애기는 어렵다.[45] 이탈은 시장 내에서 충분한 능력을 지닌 행위자들이 취할 수 있는 선택지이며, 그렇지 않은 경우도 많다. 능력을 지닌 사람들이 떠나고 나면, 남아 있는 사람들의 상황은 더 악화될 가능성이 크다. 이런 점에서 공화주의자들은 이탈보다는 참여와 대표성을 강화해서 항의 목소리를 표명하는 정치적 접근을 선호해왔다(Taylor 2019, 5). 그러나 우리의 목적은 다양한 전략을 혼합해서 지배를 줄이는 것이므로 의존을 낮추는 전략을 거부할 이유는 없다. 이탈할 수 있다는 을의 위협이 신뢰성이 있을 때 을의 발언권도 강해질 수 있다는 점을 고려하면, 행위자가 이탈을 선택하지 못하도록 만드는 심리적·물질적 문턱을 낮출 방안을 고려하는 것은 지배를 줄이는 데 도움이 될 것이다.

---

45) '계약의 자유' 원칙에 기초한 민법의 한계를 극복하기 위해 탄생한 노동법도 노동관계를 불평등한 권력관계로 간주한다. 노동법에서는 노동자가 사용자에게 두 가지 의미에서 종속(subordination)되어 있다고 본다. 하나는 노동자가 노동력을 팔지 않고서는 살아갈 수 없으므로 계약조건이 불리하더라도 이를 받아들일 수밖에 없다는 의미에서 경제적 종속이다. 다른 하나는 노동자가 노동력을 제공하는 과정에서 자기 신체와 인격도 사용자의 지휘·감독을 받게 된다는 의미에서 인적 종속이다(임종률 2018, 3).

2. 사회적 권력의 균형을 추구하는 전략

두 번째 전략은 사회적 권력의 불균형을 완화하기 위해 을의 견제력 또는 협상력을 강화하는 것이다. 갑과 을이 소유한 권력 자원을 보다 평등하게 만들고, 갑의 자의적인 권력 행사에 대해 을이 스스로 방어하거나 대항할 수 있는 수단을 제공하는 전략이다. 이를 통해 갑이 을에게 부담이 되는 선택을 부과했을 때, 을이 이를 거부하거나 저항할 수 있음을 인식하고 갑이 스스로 자신의 권력을 제한하게 되는 것이다.

권력의 균형을 추구하는 이러한 전략은 공화주의 전통에서 오랜 역사를 가지고 있다. 로마 공화정의 예외적인 안정이 집정관(왕정), 원로원(귀족정), 민중 의회(민주정)의 혼합정체(mixed regime), 즉 서로 다른 사회 신분의 대표가 '견제와 균형'(checks and balances)을 통해 일종의 힘의 균형상태를 이룸으로써 부패와 권력 남용을 막아 달성되었다고 보았기 때문이다(김경희 2007, 124-125). 이러한 사고는 권력분립에 관한 몽테스키외의 사상에 영향을 주었는데, 그는 권력이 정부의 특정 부문에 집중된다면 자의적 권력을 행사할 가능성이 크다고 보았다.[46]

---

46) 몽테스키외는 『법의 정신』 11권 6장에서 다음과 같이 말한다. "입법권과 집행권이 단일한 사람이나 단일한 행정 기구에 결합될 때 자유는 존재하지 않는다. 왜냐하면 군주나 의회가 전제적인 법을 만들어 전제적으로 집행할 수 있다는 사실에 두려워할 수 있기 때문이다. 사법권이 입법권이나 집행권과 분리되지 않은 곳에서도 자유는 존재하지 않는다. 사법권이 입법권과 결합된다면, 시민의 생명과 자유에 대한 권력은 자의적이게 될 것이다. 판사가 입법자가 될 것이기 때문이다. 사법권이 집행권과 결합된다면, 판사는 억압자의 힘을 갖게 될 수 있다"(Montesquieu 1989, 157).

이는 어디까지나 정부의 형태에 관한 생각이지만, 다양한 갑을 관계에도 유사하게 적용될 수 있다. 견제받지 않을 때 누구든 자신의 권력을 이용해 타인을 지배하려고 할 가능성이 크고, 지배당하는 쪽에서는 이를 벗어나고자 할 것이다.[47] 문제는 상대적으로 많은 사회적 권력을 지닌 갑이 자신의 권력을 순순히 양보하려 하지 않을 것이며, 권력 자원 측면에서 볼 때 갑과 을 사이에 현격한 격차가 존재할 수 있다는 점이다. 이런 상황에서 권력의 균형을 추구하는 전략은 비현실적으로 여겨질 수 있다. 그러나 권력은 항상 수단의 직접 함수가 아니며, 더 많은 권력 자원이나 수단을 가지고 있다고 해서 반드시 원하는 결과를 끌어낼 수 있는 것도 아니다 (Lovett 2019, 84). 다양한 관계가 얽혀 있는 상황에서 어떤 행위자도 현재 맺고 있는, 그리고 앞으로 맺게 될 모든 사회적 관계에서 절대적인 권력의 우위에 있다고 장담할 수 없다. 또한 다양한 사회적 관행은 상대적으로 권력이 약한 쪽이 강자에 대항할 수 있는 자원을 부여해준다. 이를 고려한다면 사회적 권력이 행사되는 맥락에 일정한 변화를 줌으로써 권력 불균형을 완화할 방법은 여러 가지가 있다. 예를 들어, 강의실에서 성적 부여 권한을 지닌 교수자는 학생들보다 더 많은 권력을 지닌다. 이때 교수자와 학생의 권력 불

---

47) 마키아벨리는 『군주론』 9장에서 이를 다음과 같이 표현했다. "어느 도시에서나 서로 다른 두 가지 기질의 사람들이 있다. 이는 다음과 같은 점에서 비롯되는데, 즉 평시민은 대시민에 의해 명령받거나 억압받고 싶어 하지 않는 반면, 대시민은 평시민에게 명령하거나 그들을 억압하려 한다는 것이다. 바로 이러한 서로 다른 두 가지 욕구로부터 군주국, 자유, 방종이라는 세 결과 중 하나가 나타난다"(Machiavelli 2015, 121).

균형을 줄일 수 있는 방법을 고려해보자. 교수자에게 성적 평가 기준을 명확하게 공개하도록 할 수도 있고, 성적과 무관한 참관인을 둘 수도 있으며, 학기 중간에 학생들이 수업을 평가하게 할 수도 있다. 이를 통해 직접적으로 교수자에 대한 학생들의 권력을 강화시키지 않고도, 교수자의 권력을 감소시킬 수 있다.

현재 상황은 일종의 힘의 균형상태 또는 이익의 균형상태라고 볼 수 있다—균형상태가 항상 이익의 대칭 지점에서 이뤄지는 것은 아니다. 그래서 현 상황을 유지하고 싶은 쪽과 현 상황을 변화시키길 원하는 쪽 중에서 후자가 항상 더 어렵다. 현 상황을 바꾸려면 균형상태를 움직일 수 있는 다른 권력이 필요하고, 바뀐 상태가 지속될 수 있어야 한다. 그러나 새로운 권력을 만들기도 힘들고, 권력을 사용했다고 하더라도 원하는 방향으로 균형이 이뤄질지는 예상하기 어렵다. 또한 권력이 작용해서 균형상태가 바뀐 것처럼 보이지만 다시 원상태로 복원되기 쉽다. 현재는 항상 힘이 세다. 정치는 사회적으로 중요한 가치의 배분을 통해 혹은 이익의 타협과 조정을 통해 이러한 변화를 만들어내는 역할을 한다. 그리고 여기에는 현재 상황을 바라보는 해석이 개입된다.

민법상의 사회적 관계는 법질서의 한계 내에서 당사자가 자기 의사에 따라 법률관계를 형성할 수 있다는 사적 자치의 원칙에 따라 이뤄진다. 그러나 경제력의 차이로 인해 당사자들이 동등하게 사적 자치의 자유를 행사할 수 없는 경우가 발생하므로, 이를 해결하기 위해 경제법이나 노동법 등을 통해 사적 자치에 한계를 두고 있다(송덕수 2020, 56-7). 가령 계약에 의한 법률관계의 형성은 강행 규정—당사자의 의사와 무관하게 강제적으로 적용되는 규정—에 반하는 경우가 아니라면 당사자의 자유에 맡겨진다. 그런데 자유 계약의 경우에도 실제로 당사자가 대등한 지위를 가지고 있지 못 해서 우월한 지위를 지닌 당사자의 일방적인 결정이 행해질 수 있 는 내적인 한계가 있으므로 경제적 약자의 보호를 위해 법을 통해 직접 계약의 내용에 간섭할 수 있다(송덕수 2020, 1040-1044).[48]

대표적인 갑을관계 사례의 하나인 공급업자-대리점 관계에서 불공정 관행이 유지되는 이유로 개별 대리점의 낮은 협상력이 제 시되어 왔다. 남양유업 사건 등을 계기로 2015년 제정된 「대리점 법」이 시행된 이후에도 불공정 거래행위가 여전히 지속되고 있는 데, 거래조건 등에 대한 정보가 부족하고 공급업자에 비해 대리점 의 거래의존도가 높은 상황에서 개별 대리점이 계속적 계약관계에 있는 공급업자의 부당한 요구를 거절하기 어렵기 때문이다. 그래 서 법 개정을 통해 대리점 단체에 구성권 및 교섭권을 부여하는 방 안이 논의되었다. 이와 관련해 대리점 단체에게 구성권과 거래조 건에 대한 협상권을 부여하는 내용을 담은 법안이 여러 차례 발의 되었다(「가맹사업법」도 마찬가지다). 공급업자와의 협상에 있어 거래상 약자인 대리점 측에 단체구성권을 부여하는 것은 당사자 대등의

---

48) 계약의 자유에 대해 아무런 제약을 두지 않을 경우 경제적인 이유로 '자발적인' 노예계약이 가능하 다. 그래서 비지배를 추구하는 국가에서 계약법은 어느 한쪽이 다른 쪽을 지배할 수 있는 조항을 담은 계약을 허용하지 않는 역할을 할 수 있다(Pettit 1997, 164-5).

갑을관계의 정의론

원칙을 보장하는 것이고, 다수 사업자가 가입한 대리점사업자 단체에 거래조건을 두고 공급업자와 우선적으로 협의할 수 있는 권한을 부여하는 것은 공급업자와 실효적인 협상을 가능하게 할 수 있다. 그러나 공급업자와 대리점 간 거래조건의 협상이 가격의 집단적인 조정, 영업지역 분할 등의 내용을 포함하게 될 경우 「공정거래법」 제40조(부당한 공동행위의 금지)에 해당할 가능성이 존재한다. 공동행위가 항상 부정적으로 작용하는 것은 아니다. 공급이나 수요가 독점화되어 있는 경우, 다수의 수요자나 공급자가 공동행위를 통해 독점적인 공급자나 수요자에 대해 거래상의 지위나 교섭력을 강화할 수 있고 독점기업의 횡포에 대항할 수도 있다. 그럼에도 불구하고 공동행위는 시장의 경직성과 불균형을 초래할 수 있으므로 원칙적으로 금지되고 있다(권오승 2019, 279). 다만, 공동행위로 인한 경제제한 효과가 인정된다고 하더라도 참여사업자들의 시장지배력 정도가 낮고, 경제제한 효과가 약하다면 이를 종합적으로 고려해서 위법성이 부정될 수 있다(권오승 2019, 291–292). 개별 대리점들의 협력을 통해 대기업인 공급업자와의 거래에서 규모에 따른 약점을 상쇄해서 시장지배적 지위의 남용을 막기 위한 것이라면 이들 간의 공동행위로 인한 이익이 경쟁 제한성보다 크다고 볼 수 있는 것이다.

사용자와 노동자 관계에서 노동자에게 단결권, 단체교섭권, 단체행동권을 보장하는 이유는 이들 사이의 권력 불균형을 완화하기 위한 것이다.[49] 계약의 자유하에서는 노동조건이 사용자의 의사에 따라 결정되어 비인간적인 생활을 강요당할 수 있으므로, 노동자들이 단결체를 조직해서 쟁의행위를 무기로 단체교섭을 진행해서 사용자와 실질적으로 대등한 관계에서 노동조건을 결정·개선할 수 있도록 한 것이다(임종률 2018, 21–22).[50] 단체행동권이 보장되지 않으면 단결권과 단체교섭권이 무력화될 수 있으므로 노동 3권 중에서도 단체행동권은 단체교섭에서 노사의 대등성을 확보하는 데 있어 중요한 의미를 지닌다.

그런데 한국의 경우 쟁의행위에 대해 형법 제314조의 업무방해죄[51]를 적용해서, 이러한 균형을 무너뜨려 왔다. 과거 대법원과 헌법재판소는 폭행·협박 등의 위법행위를 수반하지 않는 단순한 집단적 노무 제공의 거부행위인 파업도 업무방해죄에서 말하는 '위력'[52]에

---

49) 헌법 33조 ①은 "근로자는 근로조건의 향상을 위하여 자주적인 단결권, 단체교섭권 및 단체행동권을 가진다"고 규정하고 있다.

50) 헌법재판소 1998. 2. 27. 선고 94헌바13 · 26, 95헌바44 결정에 따르면, "근로 3권의 보다 큰 헌법적 의미는 근로자단체라는 사회적 반대 세력의 창출을 가능하게 함으로써 노사관계의 형성에서 사회적 균형을 이루어 근로조건에 관한 노사 간의 실질적인 자치를 보장하려는 데 있다. 근로자는 노동조합과 같은 근로자단체의 결성을 통하여 집단으로 사용자에 대항함으로써 사용자와 대등한 세력을 이루어 근로조건의 형성에 영향을 미칠 수 있는 기회를 가지게 되므로 이러한 의미에서 근로 3권은 '사회적 보호기능을 담당하는 자유권' 또는 '사회권적 성격을 띤 자유권'이라고 말할 수 있다."

51) 제314조(업무방해) "① 제313조의 방법 또는 위력으로써 사람의 업무를 방해한 자는 5년 이하의 징역 또는 1천500만 원 이하의 벌금에 처한다."

52) "업무방해죄의 '위력'이란 사람의 자유의사를 제압·혼란케 할 만한 일체의 세력으로, 유형적이든 무형적이든 묻지 아니하므로, 폭력 · 협박은 물론 사회적 · 경제적 · 정치적 지위와 권세에 의한 압박 등도 이에 포함되고, 현실적으로 피해자의 자유의사가 제압될 것을 필요로 하는 것은 아니지만, 범인의 위세, 사람 수, 주위의 상황 등에 비추어 피해자의 자유의사를 제압하기에 충분한 세력을 의미하는 것으로서, 위력에 해당하는지는 범행의 일시 · 장소, 범행의 동기, 목적, 인원수, 세력의 태양, 업무의 종류, 피해자의 지위 등 제반 사정을 고려하여 객관적으로 판단하여야 한다." 대법원 2013. 5. 23. 선고 2011도12440 판결.

해당한다고 보되, 일정한 요건을 갖춘 경우[53]에만 형법 제20조의 정당행위로서 위법성이 조각될 수 있다는 입장을 고수해 왔다.[54] 그러나 서구의 경우 20세기 초를 전후해 노동자의 단결권 보장을 위해 쟁의행위에 대한 형사면책의 법리가 확립되었고, 오늘날 각국의 노동관계법은 쟁의행위의 정당성 자체와 무관하게 이를 형벌의 대상으로 간주하지 않는 것이 일반적이다(도재형 2010, 68-71).[55] 노동쟁의 비범죄화 요구를 반영해서 2010년 헌법재판소는 정당한 쟁의행위는 업무방해죄의 구성요건 자체에 해당하지 않는 것으로 봐야 한다고 결정했다.

> "단체행동권에 있어서 쟁의행위는 핵심적인 것인데, 쟁의행위는 고용주의 업무에 지장을 초래하는 것을 당연한 전제로 하므로, 헌법상 기본권 행사에 본질적으로 수반되는 것으로서 정당화될 수 있는 업무의 지장 초래의 경우에는 당연히 업무방해죄의 구성요건에 해당하여 원

---

53) "쟁의행위가 정당성을 가지려면 ① 그 주체가 단체교섭의 주체로 될 수 있는 자이어야 하고, ② 그 목적이 근로조건의 향상을 위한 노사 간의 자치적 교섭을 조성하기 위한 것이어야 하며, ③ 그 시기는 사용자가 근로자의 근로조건 개선에 관한 구체적인 요구에 대하여 단체교섭을 거부하거나 단체교섭의 자리에서 그러한 요구를 거부하는 회답을 하였을 때 시작하되 특별한 사정이 없는 한 조합원의 찬성 결정 등 법령으로 정하는 절차를 밟아야 하고, ④ 그 방법이 사용자의 재산권과 조화를 이루어야 함은 물론 폭력의 행사에 해당되지 않아야 한다"(임종률 2018, 238). 대법원 2001. 10. 25. 선고 2001구24388 판결.

54) 대법원 1991. 4. 23. 선고 90도2771 판결; 헌법재판소 1998. 7. 16. 선고 97헌바23 결정.

55) 민사상 책임은 존재할 수 있으며, 정당성을 상실한 쟁의행위 과정에서 형법상 강요죄나 폭행죄 등에 해당할 경우 처벌받을 수 있다(도재형 2010, 71).

칙적으로 불법한 것이라고 볼 수 없다. 단체행동권 행사로서 노동법상의 요건을 갖추어 헌법적으로 정당화되는 행위를 범죄행위의 구성요건에 해당하는 행위임을 인정하되, 다만 위법성을 조각하도록 한 취지라는 해석은 헌법상 기본권 영역을 하위 법률을 통해 지나치게 축소하는 것이기 때문이다."[56]

노동자의 쟁의행위를 일단 업무방해죄에 해당한다고 보고 정당성이 인정되는 경우에만 예외적으로 위법성을 조각하는 해석은 "노동자의 쟁의행위 참가를 위축시킬 뿐만 아니라, 노동운동을 탄압하기 위한 수단으로 악용될 우려"가 있다는 것이다. 그뿐만 아니라 「노동조합법」 제3조[57]가 "사용자로 하여금 적법한 쟁의행위로 인하여 입은 손해를 노동조합 또는 근로자에 대하여 배상 청구할 수 없도록 한 것도 동일한 맥락에서 바라보아야 할 것"이라고 판단해서 민사 사건의 경우에도 이러한 해석이 적용되어야 한다고 보았다. 직접적으로 헌법재판소 결정을 인용하고 있지는 않지만, 대법원도 2011년 전원합의체 판결을 통해 종전 판례의 법리를 변경했다.

---

56) 헌법재판소 2010. 4. 29. 2009헌바168 결정.

57) 제3조(손해배상 청구의 제한) "사용자는 이 법에 의한 단체교섭 또는 쟁의행위로 인하여 손해를 입은 경우에 노동조합 또는 근로자에 대하여 그 배상을 청구할 수 없다."

갑을관계의 정의론

"근로자는 원칙적으로 헌법상 보장된 기본권으로서 근로조건 향상을 위한 자주적인 단결권·단체교섭권 및 단체행동권을 가지므로(헌법 제33조 제1항), 쟁의행위로서 파업이 언제나 업무방해죄에 해당하는 것으로 볼 것은 아니고, 전후 사정과 경위 등에 비추어 사용자가 예측할 수 없는 시기에 전격적으로 이루어져 사용자의 사업 운영에 심대한 혼란 내지 막대한 손해를 초래하는 등으로 사용자의 사업 계속에 관한 자유의사가 제압·혼란될 수 있다고 평가할 수 있는 경우에 비로소 집단적 노무 제공의 거부가 위력에 해당하여 업무방해죄가 성립한다고 보는 것이 타당하다."[58]

대법원의 판결은 파업이 위력을 통한 업무방해죄에 해당하기 위해서는 그 구성요소로 파업의 전격성과 심대한 혼란 내지 막대한 손해의 발생 및 인과관계를 증명하도록 함으로써 노동자의 단체행동권을 더 충실히 보장하는 측면이 있다. 하지만 단순 파업도 업무방해죄에서 말하는 위력에 해당하는 요소를 지닐 수 있다는 입장을 유지함으로써 기존의 법리 속성을 간직하고 있다는 한계를 지닌다(도재형 2012, 467).

---

58) 대법원 2011. 3. 17. 선고 2007도482 판결.

"쟁의행위로서 파업(「노동조합 및 노동관계조정법」 제2조 제6호)도, 단순히 근로계약에 따른 노무의 제공을 거부하는 부작위에 그치지 아니하고 이를 넘어서 사용자에게 압력을 가하여 근로자의 주장을 관철하고자 집단적으로 노무 제공을 중단하는 실력행사이므로, 업무방해죄에서 말하는 위력에 해당하는 요소를 포함하고 있다."

　공화주의의 시각에서 보면, 집단적 노무 제공 거부행위인 파업을 노동자가 자신의 권력을 '행사'하는 행위로 본다고 할지라도 이러한 권력이 노동법의 범위 내에서 제한되고 있고, 노동자의 사용자에 대한 의존을 낮춰 지배를 줄인다고 할 수 있으므로 문제 될 게 없다. 노동자에게 부여된 정당한 권리에 근거해 행사되는 권력은 자의적이라고 볼 수 없고, 쟁의행위로 발생하는 사용자의 손실은 노동관계를 형성할 때부터 예상할 수 있는 것이므로 사용자의 자유를 침해 또는 왜곡하는 것이 아니다. 그런데 대법원의 판결은 합법적인 쟁의행위라고 하더라도 업무방해죄 구성요건에 해당될 경우, 노동자가 집단적인 권력을 행사한다는 이유로 이를 형사법적 제재의 대상으로 간주하고 있다. 이는 일반적으로 노동자보다 사회·경제적으로 우월한 지위에 있는 사용자의 권력을 오히려 강화해서 사용자와 노동자 사이의 권력 불균형을 심화시키고, 사용자의 지배를 공고화하는 효과를 지닌다.[59] 또한 사용자가 업무방해죄를 근거로 손해배상을 청구할 수 있다는 점을 고려하면, 이러한 불균형은 더 커진다. 실제로 법원은 업무방해죄의 위법성 조각사유로서 정당성 요건이 충족되지 않는 쟁의행위에 대해 사용자의 전 손해를 배상하라고 판결해왔으며, 사업주가 청구한 가압류에 대해서도 90% 가까이 인정해왔다. 현행법과 판례의 해석에서 합법적 쟁의행위의 범위가 협소하게 규정되어 있고, 폭력이나 파괴행위를 수반하지 않는 단순한 노무 제공 거부의 경우에도 업무방해죄에 해당할 수 있는 상황에서, 사용자는 ① 업무방해죄 형사처벌, ② 해고 등의 징계, ③ 손해배상 청구와 가압류라는 수단을 선택적으로 활용해서 노동조합의 권력을 무력화시킬 수 있는 것이다(송영섭 2019, 34-35). 그러므로 노동자가 보다 대등한 위치에서 사용자와 노동조건에 대한 자치적 교섭이 가능하도록 입법적·사법적 차원에서 노동자의 단체행동권을 제약하는 요소들을 개선하기 위한 조치가 요구된다고 하겠다.[60]

---

59) 대법원 판결의 소수의견도 이러한 점을 지적하고 있다. "단순 파업에 관한 다수의견의 견해와 같은 기조에 선다면, 어떠한 쟁의행위가 쟁의행위로서의 정당성 요건을 갖추지 못하고 있으면서 그것이 사용자가 예측할 수 없는 시기에 전격적으로 이루어져 사용자의 사업 운영에 심대한 혼란 내지 막대한 손해를 초래한 때에는 어느 경우라도 위력에 의한 업무방해죄의 처벌 대상이 된다는 해석이 가능하다.……이러한 태도는 일면 정당한 권리 행사로서의 성격을 갖는 행위임에도 형벌을 부과할 수 있다는 것으로서 지나치게 형사처벌의 범위를 확대하여 근로자들로 하여금 형사처벌의 위협 아래 근로에 임하게 하는 위헌적 요소가 있다는 지적을 받고 있다. (……) 일정한 예외적인 상황에 한정된 것이기는 하지만 단순 파업도 업무방해죄의 '위력'에 해당한다는 다수의견은, 다수의견이 설정하고 있는 예외적인 상황에서라면 앞서 살펴본 바와 같이 근로자들에게 사용자에 대한 '일할 의무'를 형벌로써 강제하는 것과 다를 바 없다."

60) 입법론적 개선방안에 대한 구체적인 논의는 김재윤(2016, 255-258)과 송강직(2018, 70-71)을 참조하자.

그런데 갑을관계에서 사회적 권력의 균형을 위해 을의 견제력 또는 협상력을 강화하는 것은 역으로 을의 갑에 대한 지배를 낳을 수 있다는 반론이 존재할 수 있다. 실제로 을의 권력이 갑과 비슷해지고, 을의 권력이 효과적인 규칙, 절차, 또는 목적에 의해 외적으로 제한되지 않는다면 을이 갑을 지배하는 것도 가능하다. 가령 갑이 사회적 비난을 받는 상황에서 을이 자신이 알고 있는 갑의 약점을 이용해 부당한 위협을 한다면, 이는 을이 갑을 지배한다고 말할 수 있다. 그러나 갑과 을 사이의 권력 불균형이 존재하는 상황에서 갑의 자의적 권력 행사를 막기 위해 도입한 법과 제도를 이용해 을이 갑에게 불이익을 안겨주는 경우는 이와 다르다.

　자영업자 사업주와 아르바이트생의 고용관계를 예로 들어보자. 자영업자는 「근로기준법」에 따라 근로계약서를 작성 및 교부해야 하고, 최저임금 이상을 시급으로 지급해야 하며, 주 15시간 이상 근무한 아르바이트생이 일주일 동안 출근할 경우 주 1회 이상의 유급 휴일을 부여해야 하고, 한 달 이상 사용하는 경우 4대 보험에 가입해야 하며, 6개월 이상 근무한 아르바이트생에게는 해고 사유와 시기를 30일 전에 미리 서면으로 통지해야 하거나 30일 치 통상임금을 지급해야 하고, 1년 이상 근무한 아르바이트생에게는 퇴직금을 지급해야 한다. 그런데 어떤 사업주가 아르바이트생과 최저임금보다 낮은 시급을 주기로 합의하고 고용했다가, 나중에 아르바이트생이 이를 지역고용노동청에 신고해서 시정명령이나 벌금을 받았다고 해보자. 이를 근거로 아르바이트생이 사업주를 지배했다고 말할 수는 없다.[61] 사업주의 편의를 위해 혹은 부주의로 계약 자체가 부당하게 성립되었기 때문이다.

아르바이트생이 불성실한 태도로 일하거나 갑자기 일을 그만두어서 영업에 차질을 주는 경우—소위 '을질'—가 존재할 수는 있다. 임금 노동자는 주어진 임금과 노동조건하에서 본인이 제공해야 한다고 생각하는 수준 이상의 노력을 제공하길 원치 않을 것이다. 그런데 고용관계의 경우 사용자의 지휘·명령 아래서 노동력 제공에 대한 보수를 받기 때문에 노동력을 적게 제공할 경우 강요당할 수 있다. 더 많은 노동력을 제공할수록 강요당할 위험은 줄어들지만, 원하는 수준 이상의 노동력을 제공하면서 감수해야 하는 비용이 수반된다(Lovett 2019, 287, 294-295). 노동자는 이 비용을 가급적 낮추길 원할 것이고, 이 비용이 높다면 퇴직을 선택할 것이다. 그래서 노동자가 적당히 일하거나, 원하는 때 언제든 그만두는 것[62]은 고용계약 관계에서 사용자의 권력하에 놓인 노동자가 취할 수 있는 합리적 선택의 범위 안에 있다고 할 수 있다. 그런 마음이 들지 않도록 하는 것은 사용자의 몫이고, 노동자가 그런 선택을 내려서 사용자에게 손해가 발생했다고 해서 이를 지배로 보기는 어

---

61) 아르바이트생이 신고를 빌미로 보상금을 요구한다면 공갈죄가 성립할 수 있으며, 이는 지배라고 할 수 있다.

62) 「근로기준법」 제7조(강제 근로의 금지)에서 "사용자는 폭행, 협박, 감금, 그 밖에 정신상 또는 신체상의 자유를 부당하게 구속하는 수단으로써 근로자의 자유의사에 어긋나는 근로를 강요하지 못한다"라고 규정하고 있다. '정신상 또는 신체상의 자유'에는 퇴직의 자유도 포함되므로 이를 실질적으로 제한하는 행위도 강제 근로가 된다(임종률 2018, 384).

렵다.

이는 갑이 권력상의 우위에 있는 갑을관계하에서 을이 갑에게 피해를 줄 수 있는 경우도 가능하다는 것을 보여준다. 그중에는 갑에 대한 을의 지배로 볼 수 있는 사례도 존재하지만, 우리의 일차적 관심은 을에 대한 갑의 지배를 줄이는 데 두어야 한다. 을은 자의적 권력을 행사하는 갑에 의존하고 있는 경우가 많아서 보다 일반적으로 지배를 겪을 수 있기 때문이다. 이러한 관계에서 우리는 을의 사회적 권력을 강화해서 스스로 방어하거나 대항할 수 있는 수단을 제공할 수 있다.

3. 자의성을 줄이는 전략

세 번째 전략은 당사자들이 공통적으로 알고 있는 규칙, 절차, 목적을 통해 갑의 사회적 권력을 효과적으로 제한하는 것이다. 자의성은 사회적 권력을 통제하는 효과적인 사회적 관행—사회 규범, 조정 관행, 법 등—의 망에 공백이 존재할 때 발생하므로, 이렇게 비어 있는 공백을 찾아내고 적절한 사회적 관행을 도입해서 이를 제한할 필요가 있다(Lovett 2019, 133). 을의 사회적 권력을 강화해서 갑이 자신의 권력을 제한하도록 하는 것과 달리, 이러한 전략은 사전 구속과 사후 제재 등을 통해 갑의 자의적 권력 행사 자체를 차단하려는 접근이다. 전자가 상대보다 많은 권력 자원을 소유해

갑을관계의 정의론

서 권력의 우위를 점하려는 경쟁 속에서 지배를 낳을 수 있다는 단점이 있는 반면, 후자는 양쪽이 모두 억제적 권위에 순응하도록 함으로써 이러한 권위 자체가 지배하지 않는 한 지배를 최소화할 수 있다는 장점이 있다(Pettit 1997, 67-68).

공화주의 전통은 권력을 가진 위치에 있는 인간의 부패 가능성에 대해 비관적인 입장을 취하지만, 인간 본성에 대해서는 상대적으로 낙관적이다. 권력을 지닌 사람은 '필연적으로 부패한다'고 가정하기보다는 권력을 가진 자리에 서면 누구나 '부패할 수 있다'고 가정한다. 권력을 지닌 사람이 실제로 공공선을 위한 결정을 내릴 수 있지만, 권력의 남용 가능성에 대한 견제가 없다면 이들이 지속해서 이렇게 행동할 것이라고 믿을 수 없다는 것이다. 권력을 지닌 사람들이 부패하지 않는다고 가정한다면, 현실에서 일어날 수 있는 부패를 막을 수 없다. 그렇다고 해서 권력을 지닌 사람이 무조건 부패한다고 가정한다면, 이들이 지닐 수 있는 건강한 시민성을 약화할 수 있다. 권력을 지닌 사람에 대한 냉소주의보다는 권력을 갖게 된 사람에게 무슨 일이 일어날 수 있는지에 주목하는 현실주의에 기초한다고 할 수 있다. 공동체를 위한 선한 동기를 가지고 헌신하는 것에 지지를 보내지만, 이들이 권력을 남용할 가능성에 대해 경계하는 것이다.

그래서 공화주의 이론에서는 주로 처벌을 강화하는 방식의 제재(sanction)에만 초점을 두는 것에 비판적이다. 일탈자 중심의 이러한 규제는 처벌이나 보상을 통해 행위의 동기를 끌어내려고 하기 때문에 타인의 호의적인 평가와 신뢰를 얻기 위해 순응하고자 하는 행위자의 동기를 약화시킬 수 있다. 또한 관련된 모든 당사자를 잠재적 일탈자로 낙인찍는 부정적 효과를 지니며, 행위자의 동기를 처벌이나 보상에 의존하게 만들어 이것이 없을 경우 오히려 일탈을 선택할 가능성을 높일 수 있다. 그리고 처벌의 대상이 되는 행위자들이 단합해서 서로의 잘못을 덮어주고 외적인 제재에 저항하며, 책임을 전가하려는 태도를 키울 수도 있다. 반면, 순응자 중심의 규제는 순응하려는 성향의 공공의식을 지닌 행위자들의 동기를 안정화할 수 있는 수단들을 먼저 추구하고, 순응하지 않는 행위자들이 초래할 수 있는 문제에 대비하려는 접근을 취한다. 그래서 첫째, 제재에 앞서 선별(screen) 장치를 두는 것을 추구한다. 일정한 제도를 통해 배타적인 사익에 따라 행위를 하려는 행위자들을 걸러내고, 행위자들이 이용 가능한 선택지의 범위를 유도하거나 특정한 선택지를 이용 가능하도록 추가한다면 제재 없이도 적절한 행동을 유도할 수 있다. 또한 관련 이해당사자들의 구성을 보다 다양화하거나 일정한 내부 정보를 필수적으로 공개하도록 함으로써 특수이익에 기초한 행위가 외부에 더 잘 노출될 수 있는 환경을 조성하는 것도 가능하다. 그런 다음 둘째, 처벌이나 보상이 자발적 순응을 강화할 수 있도록 제재를 구축한다. 즉, 외부의 강제적 힘 때문에 어쩔 수 없이 순응하는 것이 아니라 행위자들이 스스로 일반적인 행동 방식에 대한 공통의 가치 규범을 형성하고, 이에 따라 자율적으로 자신의 이익을 조율할 수 있도록 하는 것이다. 이러한

갑을관계의 정의론

제재는 한번 작동체제가 갖춰지고 나면 자기유지적이기 때문에 적은 비용이 발생하며, 자발적으로 순응하려는 동기를 강화할 수 있고, 내외부적 시선이나 평가에 노출되기 때문에 일탈에 대한 적발 가능성도 커진다. 셋째, 그런데도 순응하지 않으려는 경향이 있는 행위자들의 일탈에 대비한다. 단계적으로 제재를 강화하는 방식이 바람직한데, 더 낮은 수준에서의 제재를 통해 순응을 끌어내기 어렵다는 점이 입증된 행위자에게 더 높고 가혹한 수준의 제재를 부과하는 것이다(Pettit 1997, 212-230).

이를 염두에 두고, 자의성을 줄이는 전략을 살펴보도록 하자. 크게 사전규제, 자율규제, 사후규제를 도입해서 갑의 사회적 권력을 제한하는 것과 이러한 규제의 효과적인 집행을 강화하는 것을 고려할 수 있다.

사전규제 수단으로는 불공정 거래나 우월적 지위 남용을 막기 위해 표준약관[63]이나 표준계약서를 마련해 고시하고, 이를 따르도록 유도하는 방안을 예로 들 수 있다. 거래상 지위 남용 행위의 원인 중 하나는 당사자들 사이에 정보 비대칭성이 존재하기 때문이다. 정보를 갖지 못한 당사자는 계약에서 불리한 위치에 처하게 되고, 불확실성에 따른 비용이 커져 협상력이 낮아지며, 이는 다시 상대에 대한 의존도를 높이는 원인이 된다. 표준계약서를 작성해서 교부하게 되면 이러한 정보 불균형을 줄여줌으로써 불공정 거

---

63) 표준약관에 관한 규정은 「약관의 규제에 관한 법률」이 1992년 개정되면서 신설되었고, 2004년 개정을 통해 대폭적으로 내용이 강화되었다(이병준 2017, 224).

래를 사전에 예방할 수 있다(김건식 · 원세범 2018, 116–117). 표준계약서는 일반적으로 최소 계약 기간, 계약 해지의 사유와 절차, 반품 사유, 불공정 거래 행위 유형 등을 명시해서 안정적 거래를 보장하고, 거래조건을 합리화하며, 불공정 거래 관행을 근절하기 위한 내용을 담고 있다.

가맹본부–가맹점 관계의 경우, 가맹본부는 「가맹사업법」에 따라 정보공개서를 등록 및 제공해야 한다. 정보공개서에는 예비 가맹점 사업자가 가맹계약을 체결할 때 고려해야 할 정보가 담겨 있으며, 가맹본부는 공정거래위원회에 이를 등록해야 하고 허위사항이 발견될 시 가맹등록 취소 등의 처벌을 받을 수 있다. 또한 이 법에 명시된 가맹계약서 기재 사항을 준수해야 한다(박주영 · 김주현 2019, 9). 공급업자에게 상품을 공급받아 소비자에게 재판매 또는 위탁판매하고 그 대가로 수수료를 받는 대리점보다 가맹점은 투하자본이 많으므로 보다 강한 보호를 받는다.[64] 가맹점은 가맹계약을 통해 가맹본부에 가맹금 및 교육비 등을 납부하고, 가맹본부는 가맹점주에 대해 상표 및 상표 이용을 허락하고 상품 또는 재료를 공급해서 영업 노하우를 교육하는 등 지원 및 통제를 한다. 그래서 가맹본부와 가맹점은 일반적인 공급과 납품 거래와 달리 상호 간의 의존이 높은 관계이며, 이로 인해 기회주의적 태도로 인한

---

64) 「가맹사업법」은 거래 질서 공정화와 관련된 법 중 두 번째로 빠른 2002년 5월 13일 제정되었는데, 보호의 필요성이 그만큼 높았음을 반영한다. 「하도급법」은 1984년 12월 21일에, 「대규모유통법」은 2011년 11월 14일에, 「대리점법」은 2015년 12월 22일에 제정되었다.

취약성도 높다. 예를 들어 가맹본부는 많은 가맹점을 모집하기 위해 초기 가맹금을 낮추는 대신, 가맹계약 체결 이후 구입강제조항, 즉 필수품목을 통해 수익을 극대화하려는 경향을 보일 수 있다. 반면 가맹점은 약속된 품질 표준을 지키지 않고 무임승차 하려 할 수 있다. 이런 점에서 볼 때 가맹계약서상 구속계약조항을 구체화하는 것은 가맹점뿐만 아니라 가맹본부에도 도움이 된다(박주영·김주현 2019, 2, 7, 16-17).

자율규제는 자체적으로 형성된 조직이 그 구성원의 행위를 자율적으로 규제하는 것을 말하는데, 정부의 법규나 지침을 대신 혹은 보완하기 위해 기업이나 산업조직이 자신들의 활동을 규율하기 위해 취하는 규제로 이해되기도 한다. 사적 자치 원리에 따라 사적 거래와 비즈니스 행위를 당사자의 자유에 맡겨 놓되, 과도한 사익 추구가 타인의 권리를 침해하지 않도록 스스로 규칙을 만들고 준수하는 것으로 국가 중심의 전통적인 규제에서 벗어나 자기 지배 원리 혹은 자기 책임원칙으로 전환한다는 의미를 지닌다(김종운 외 2023, 117). 자율규제는 민주적인 의견수렴을 통해 순응 동기를 부여할 수 있고, 사회적 변화와 기술적 발전에 유연하게 반응할 수 있다는 장점이 있다. 그러므로 정부의 개입이 효과적이기 어렵고, 현장의 전문성이 필요한 영역에서 효율적인 수단이 될 수 있다. 그러나 규제구조가 안정적이지 못하고, 만들어진 규칙이 당사자들의 이익을 보호하는 편향성을 지닐 수 있으며, 강제절차가 미비하다는 단점이 있다(이승민 2021, 146). 그래서 정부규제와 자율규제를 혼합한 방식의 공동규제도 대안으로 제시되고 있다. 정부의 개입을 통해 규제 대상이 스스로 내재적·자율규제적 해답을 찾도록 유도하는 메타규제(meta-regulation), 개별 기업이 스스로 상황에 맞는 규칙을 작성하도록 국가가 강제하되, 이렇게 정해진 규칙에 대한 규제 권한을 민간에 위임하고 이를 감독하는 강제된 자율규제(enforced self-regulation), 정부가 민간의 자율규제 조직에 규칙을 만들고 집행할 수 있는 권한을 위임하되, 이러한 권한의 행사를 점검하는 형태의 감사되는 자율규제(audited self-regulation) 등이 그 예다(정민경 · 임현 2018, 161-162).

최근 자율규제를 둘러싼 논의가 가장 활발하게 이뤄지고 있는 갑을관계 분야는 온라인 플랫폼 산업 부문이다. 온라인 플랫폼은 공유경제와 온디맨드 경제와 같은 다양한 서비스의 확대와 함께 혁신적 시장의 모델로 급속히 성장하고 있다. 플랫폼은 일반적으로 "서로 다른 이용자 집단의 거래나 상호작용을 매개하는 물리적, 가상적, 제도적 환경"으로 이해되며, 두 종류 이상의 이용자 집단이 플랫폼을 통해 상호작용하는 간접네트워크 효과를 통해 가치가 창출되는 양면 시장 현상에 기초한다. 플랫폼은 기본적으로 중개자의 지위를 가지며, 간접네트워크 효과는 시장집중을 초래하는 요소를 갖고 있다(박미영 2018, 115-116). 특히 플랫폼의 다양한 역할로 인해 운영자의 책임 소재가 불명확하다. 그 결과 플랫폼 사업자가 우월적 지위를 남용해 입점업체나 소비자에게 피해를 주거나, 법적 보호의 사각지대에 놓인 플랫폼 노동자를 양산하는 등의 문제가 발생하고 있다. 정부는 기본적으로 민관협력에 기반한 자율규제로 해결한다는 입장이지만, 온라인 플랫폼의 공정화와 독점규제를 위한 입법을 촉구하는 목소리도 있다. 관련 이해당사자의 의견을 폭넓게 수렴해 영향력 있는 소수의 사업자에 의해 자율규제가 이뤄지지 않도록 하고, 그러한 규제가 공적 권위를 지닌 기구에 의해 효과적으로 집행될 수 있도록 규제체제를 운영해서 공공성과 신뢰를 확보할 필요가 있다(김종운 외 2023).

대표적인 사후규제 수단 중 하나는 징벌적 손해배상(punitive damages) 제도다. 이는 "가해자에게 특히 고의 등의 주관적으로 악의성을 가진 경우에 전보(塡補)적 손해배상에 덧붙여 위법행위에 대한 징벌과 동종행위의 억제를 주목적으로 해서 과해지는 손해배상"을 말하는데, 2011년 「하도급법」 개정을 통해 발생한 손해의 3배를 넘지 않는 범위에서 배상을 명령할 수 있다는 내용으로 처음 도입된 이후 24개 개별 법률에서 시행되고 있다(김차동 2023, 83-84). 징벌적 손해배상 제도는 「대리점법」, 「가맹사업법」, 「대규모유통업법」, 「상생협력법」 등 주로 갑을관계가 공고히 자리 잡은 경제 부문에서 '갑질'과 같은 횡포를 막기 위한 방안으로 도입되었다. 그러나 피해를 본 후에도 징벌적 손해배상을 인정받지 못하는 경우가 많고, 인정받더라도 미미한 수준의 손해배상만 추가로 받고 있으며, 이에 따라 법 위반 행위도 줄어들지 않아 억지력을 높이고자 하는 입법 취지를 전혀 달성하지 못하고 있는 실정이다(김차동 2023, 119). 예를 들면 대기업의 중소기업 기술 탈취 문제는 현행 「하도급법」하에서도 여전히 줄어들고 있지 않다. 피해 기업이 직접 손해를 산정해야 하는데, 현행법에서는 구체적인 산정 기준이 없어서 유·무형의 기술 및 노하우 등의 침해에 대한 손해 산정을 하기 어렵다. 또한 손해를 입증하더라도 그동안 법원이 1.5배에서 최대 2배의 손해배상만 인정하는 경향을 보여왔다. 그 결과 중소벤처기업부 실태조사에 따르면, 기술 유출 피해를 입은 중소기업의 42.9%가 별도의 조처를 하지 않은 것으로 나타났다.[65] 배수를 상향하고 손해액을 산정하는 기준을 마련하는 것도 필요하겠지만, 실효성 있는 집행이 담보되어야 자의적 권력 남용을 막을 수 있을 것이다.

---

65) 반기웅, "기술 탈취 부르는 솜방망이 처벌…하도급법, 이번에는 바뀔까." 《경향신문》(2023/12/06). https://www.khan.co.kr/economy/economy-general/article/202312061650011

정치연구총서 05

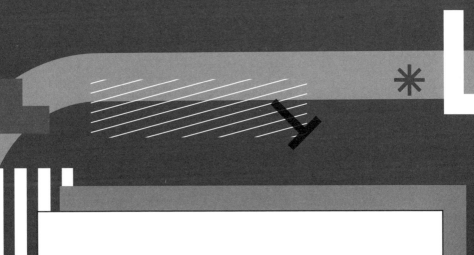

3장
갑을관계와 직장 내 괴롭힘

직장 내 괴롭힘
문제의 부상

　　직장 내 괴롭힘은 2014년 '땅콩 회항' 사건 이후 최근까지 잇따라 발생하고 있는 기업 경영자의 폭언/폭행 사건이 소위 '갑질' 문제로 관심을 받으면서 사회적 이슈로 부각되기 시작했다. 그뿐만 아니라 직장 내 중간관리자나 상사, 동료 등에 의한 괴롭힘도 '직장 갑질'로 언급되면서 제도적 대책이 필요하다는 공감대가 확산되었다. 그 결과 2018년 12월 「근로기준법」 제6장의 2에 '직장 내 괴롭힘의 금지'에 관한 조항을 추가하는 개정안이 통과[66]되었고, 2021년 3월 직장 내 괴롭힘 관련 규정을 위반할 시

---

66) 이와 함께 「산업재해보상보험법」 제37조 제1항 제2목의 업무상 질병 인정 기준에 "「근로기준법」 제76조의2에 따른 직장 내 괴롭힘, 고객의 폭언 등으로 인한 업무상 정신적 스트레스가 원인이 되어 발생한 질병"이 추가되어, 업무상 재해를 폭넓게 인정할 수 있는 기반이 마련되었다. 이 법은 산재보험제도를 통해 피해자가 더 신속하게 구제받을 수 있도록 한다는 점에서, 민사상 손해배상이나

　　　　　　　　　　　　　　　갑을관계의 정의론

과태료를 부과하는 내용의 「근로기준법」 개정안과 고객의 폭언 등으로부터 일반 노동자를 보호하는 내용의 「산업안전보건법」 개정안이 통과되었다.

직장 내 괴롭힘 문제는 법률 개정 논의와 함께 연구가 이뤄지기 시작했으며, 주로 노동법적 시각에서 분석되고 있다.[67] 이에 따르면, 직장 내 괴롭힘은 "종속노동의 제공과정에서 일상적으로 벌어지는 권력관계에 근거한 인격권의 침해행위"로 규정된다(권오성 2018, 94). 이때 인격권은 생명, 안전, 건강뿐만 아니라 프라이버시, 명예, 성적 자기결정권이나 괴롭힘을 받지 않을 권리 등을 포함한다는 점에서 사권(私權)과 공권(公權)의 성격을 동시에 갖는다(이수연 2018a, 58-9). 이러한 시각은 종속적인 노동을 수행하는 과정에서 직장 내 위계질서나 권력의 불평등으로 인해 인격권의 침해가 발생한다는 점을 분명하게 드러낸다는 점에서 의미를 지닌다. 문제는 이러한 관점이 노동자의 인격권을 보호하기 위한 공적인 간섭

사용자 책임을 통한 구제보다 노동자에게 도움이 된다(문준혁 2016, 216).

67) 기존 판례에서 직장 내 괴롭힘 규제에 대한 규범적 근거는 크게 네 가지 측면에서 제시되고 있다. 첫째, 노동자의 인격권 침해다. 노동자는 인간으로서의 존엄과 가치를 지닌 인격체이기 때문에, 근로계약에 따라 근로를 제공하는 과정에서 발생하는 인격권 침해는 불법행위로 볼 수 있다. 둘째, 평등권 침해다. 직장 내 괴롭힘이 성별, 연령, 외모, 출신 지역 등 차별금지 사유를 이유로 이뤄질 경우, 차별행위로서 평등권을 침해하는 불법행위에 해당한다. 셋째, 산업안전보건법상 사업주의 안전보건 유지 · 증진 의무 위반이다. 넷째, 근로계약상 사용자의 안전배려의무 위반이다(홍성수 외 2017, 9-12). 이와 같이 고용상 발생하는 직장 내 괴롭힘은 개별 근로관계뿐만 아니라, 집단적 노사관계 및 민형사상 법적 규제의 대상이 될 수 있다. 직장 내 괴롭힘은 해당 개인뿐만 아니라 조직 구성원에게 신체적 · 정신적 고통을 안겨준다는 점에서 업무상 재해로 볼 수 있으며, 이런 점에서 산업안전보건과 관련된다. 사용자의 안전배려의무 위반, 채무불이행, 불법행위인 경우에는 민법상 손해배상의 근거가 된다(이수연 2018b, 113).

의 정당성을 제공해주기는 하지만, 그 초점이 침해의 방지에 맞춰짐으로써 일터에서 민주주의가 요청되는 근거를 제공해주기에는 불충분하다는 점이다. 이에 따라 대안도 일터에서 발생하는 개인의 침해행위에 대한 법적 규제 및 감독의 강화에 중점을 둔다는 점에서 한계를 지닌다. 그 밖에 직장 내 괴롭힘에 대한 다른 연구는 간호사가 경험하는 직장 괴롭힘에 관한 경험적 연구가 대부분이다.

직장 내 괴롭힘은 일터에서의 권력관계 문제와 관련되어 있으므로, 그 대안도 일터에서의 권력관계를 민주화화는 문제로 바라볼 필요가 있다. 이러한 측면에서 볼 때, 직장 내 괴롭힘 문제가 사회적으로 유리한 위치에 있는 개인이나 집단이 자신의 지위나 권력을 이용해 상대방을 부당하게 대우하는 행위를 비난하는 신조어인 '갑질'이라는 용어를 통해 사회적으로 의제화되었다는 점은 중요한 의미를 지닌다.

왜 일터에서
민주주의가 필요한가?

　　　　　역사적으로 볼 때, 일터[68] 민주주의는 협동조합, 노
동자 평의회, 독일의 공동결정제도, 미국의 종업원 지주제 등 다
양한 형태로 발전했기 때문에 정의하기 쉽지 않은 개념이다. 최소
주의적으로 정의하면, 일터 민주주의는 기업 경영에 대해 노동자
가 통제권을 갖는 관리 조직의 한 형태라고 할 수 있다.[69] 일터 민

---

68) 일터(workplace)는 작업장이나 직장과 같은 고정된 장소뿐만 아니라 통근, 출장, 회식, 훈련 등이 이
　　뤄지는 장소를 비롯해 전자매체를 통한 대화까지 포괄하는 넓은 개념이다. 일터와 관련된 이해당
　　사자도 고용된 노동자뿐만 아니라 취업준비생, 일경험 수련생, 자영업자, 소비자 등을 포함하게 된
　　다(류은숙 · 서선영 · 이종희 2016, 24).

69) 좁은 의미에서, 일터 민주주의는 산업민주주의(industrial democracy)의 한 부분으로 생산 목표, 달성
　　방법, 작업방식, 충원과 교육, 직무 배분 등과 같이 일터에서 이뤄지는 노동과정에 대한 의사결정에
　　노동자가 참여하는 것을 의미하는 뜻으로 사용되기도 한다. 이때 일터 민주주의는 "작업장의 의사
　　결정에 대한 노동자의 참여를 보장해주고 직무의 다양성을 제공해줌으로써 그리고 노동자의 잠재
　　력을 보다 효과적으로 사용함으로써 노동자의 소외를 감소시키고 직무만족을 증대시키는 실천"으

주주의는 ① 기업에 대해 행사하는 통제 정도(정보, 협의, 공동결정, 완전한 통제), ② 통제의 수준(업무, 부서, 체제, 기업의 HQ), ③ 통제의 범위(전략적 이슈, 비전략적 이슈), ④ 통제의 형태(직접, 대표), ⑤ 통제의 주체(정규직 노동자, 모든 노동자)라는 다섯 가지 차원에서 정의할 수 있다(González-Ricoy 2014, 232-233). 넓게 보면, 노동자들이 민주적 수단을 통해 기업 운영에 대해 목소리를 낼 수 있는 권리를 가지고 있는 것을 일터 민주주의라고 할 수 있다. 정치이론 차원에서 일터에서의 민주주의를 정당화하는 주장은 크게 두 가지가 있다.[70]

첫째, 일터에서의 참여와 통제 경험이 민주적 시민성을 배양하는 토대가 된다는 주장이다. 기업 내 주요한 의사결정에 참여하거나 기업 자체를 통제하는 경험을 통해 노동자들의 정치적 효능감이 증가하고, 이를 통해 정치적 차원에서도 적극적으로 참여하고 민주적 가치에 따라 행동할 수 있게 된다는 것이다. 이는 일터와 정치에서의 참여가 근접할수록 한쪽에서 습득한 것이 다른 쪽으로 이전되기 쉽다고 보는 근접성 가설(proximity hypothesis)에 기초한다. 따라서 사람들이 일상적으로 가장 많은 시간을 보내는 곳이자, 사람들의 삶에 가장 큰 영향을 미치는 일터에서의 참여가 중요

로 정의할 수 있다(박해광 2017, 125, 129).

70) 물론, 정치이론 이외의 측면에서도 일터 민주주의의 정당성을 주장할 수 있다. 예를 들어, 경제적 효율성 면에서 노동자 참여가 기업의 생산성에 긍정적인 영향을 끼친다는 주장이 있다(오현철 2014, 167). 실제로 일터 민주주의에 대한 최근의 관심은 세계 금융위기 속에서도 몬드라곤 협동조합과 같은 일터 민주주의 모델이 높은 생산성과 고용 창출 성과를 거두었다는 데 기인한다(González-Ricoy 2014, 232). 그리고 호주에서는 금융위기가 일터 민주주의를 확대하는 계기로 작용하기도 했다(Lansbury 2009).

갑을관계의 정의론

하다고 본다. 게다가 기업은 위계 조직과 복종 관계가 존재하는 곳으로, 미시적인 일상적 수준에서 참여를 통해 정치적 경험을 할 수 있는 적절한 공간이다. 기업과 같은 비정부 조직에서의 참여 경험이 민주적 시민성의 실질적 토대가 되는 사상, 감정, 자기 이해를 형성한다고 보는 참여 민주주의 혹은 결사체 민주주의의 관점이라고 하겠다(Pateman 1970, 3장; Cohen 1989, 28; 고미선 2000, 273-274; 박의경 2014, 152-156; 박해광 2017, 128).

둘째, 국가와 기업의 유비를 통해 일터 민주주의의 정치적 정당성을 주장하는 것이다. 기업도 국가와 마찬가지로 통치자와 피통치자 사이의 권력관계가 존재하는 정치체계[71]로 볼 수 있기 때문에, 이들 사이의 관계도 민주적 기준을 따라야 한다는 입장이다(Dahl 2011, 124-125). 이에 따라 "모든 사람들에게 영향을 미치는 것은 반드시 모든 사람들에 의해 결정되어야 한다"는 원칙이 정치 영역뿐만 아니라 기업에도 적용되어야 한다고 본다. 권력 행사가 정치적 형태를 띠는 곳에서 권력 분배는 민주적 분배 규칙을 따라야하며, 사적 소유권에 기초한 '사적 정부'(private government)와 같은 기업도 이러한 규칙의 예외는 아니라는 것이다(Walzer 1983, 291-295; 오현철 2014, 161-162). 국가의 성원인 시민은 자신들에게 강제적으로 부과되는 일반적인 규칙의 적절성을 판단할 능력을 가지고 있으므로 국가의 집합적 결정 과정에 참여할 권리를 지닌다. 마찬가지

---

71) 코스(Ronald Coase)가 체계화한 거래비용 이론에 따르면, "기업은 위계에 의한 권력적 통치체제로서 시장의 가격기구를 대체함으로써 불확실성을 해소하고 효율성을 제고하는 조직"이다(신은종 2017, 17).

로 기업의 성원인 노동자들도 회사 내에서 자신들에게 강제적으로 부과되는 일반적 규칙의 적절성을 판단할 능력을 지고 있으므로 기업의 집합적 결정 과정에 참여할 권리를 지닌다고 할 수 있다 (Breen 2015, 472).

그러나 이러한 주장에 대한 반론도 존재한다. 첫 번째 정당화에 대해서는 직장이 아니더라도 민주적 시민성을 습득하고 발휘할 수 있는 기회가 존재한다고 반박할 수 있다(Nozick 1974, 246). 또한 일터 민주주의가 민주적 시민성을 증진시킨다는 주장은 사례에 따라 상당히 다를 수 있는 우연한 경험적 주장에 기초하고 있다. 일터의 민주화가 공공선에 관한 관심을 낳을 수도 있지만, 노동자의 편협한 사익 추구로 이어질 가능성도 존재한다. 그리고 기업 지배구조를 민주화하지 않고도, 자율적인 팀 조직과 같은 혁신을 통해 노동자들의 개인적 효능감과 집합적 책임 의식이 향상될 수 있다면 이러한 정당화는 타당성을 잃게 된다. 이는 일터 민주주의를 정치적 민주주의를 위한 수단으로 바라보기 때문에 생기는 문제다(Breen 2015, 474).

두 번째 정당화에 대해서는 국가에 소속되는 것과 기업에 소속되는 것이 다르다는 반론이 제기된다. 국가와 같은 정치체의 경우 복종이 사실상 선택 이전에 부과되는 의무이지만,[72] 기업은 고용계약을 통해 자발적으로 복종을 선택한 것이다. 정치체의 경우 선택의 여지 없이 부과되므로 정치적 권리가 평등하게 부여되어야

---

72) 이민이나 망명을 통해 정치체를 선택할 수 있기 때문에 완전히 불가능하지는 않다.

하지만, 기업의 경우는 고용인이 제시한 계약조건에 동의하는 노동자들이 권리 대신에 임금을 선택한 것으로 볼 수 있다. 그리고 기업의 결정이 마음에 들지 않으면, 노동자들은 언제든 회사를 그만두고 떠날 수 있다(Dahl 2011, 123; 오현철 2014, 171).[73] 설령, 노동자가 기업을 이탈하는 데 드는 비용이 실제로 높다고 하더라도, 국가가 실업 급여 등과 같은 복지 프로그램을 통해 이탈 비용을 줄여줄 수 있다면 기업 내에서 노동자 참여가 요구되지 않는다는 주장이 가능하다(Breen 2015, 474-475).

이러한 이유에서 일터 민주주의에 대한 또 다른 정당화가 요구되는데, 공화주의는 사회정의 차원에서 일터에서도 비지배 자유가 보장되어야 한다는 주장을 통해 이러한 근거를 제공해준다. 회사는 사용자와 노동자, 관리자와 직원, 상급자와 하급자 등과 같이 비대칭적인 사회관계가 존재하는 공간으로, 위계 체제하에서 우월한 지위나 권력을 지닌 사람이 명령을 통해 상대적으로 낮은 지위의 사람을 자의적으로 간섭할 가능성이 상존한다. 물론 공정하고 합리적인 방식으로 관리 행위가 이뤄질 수도 있다. 단체협약, 정책, 법률 범위 안에서 권력 남용이나 차별 없이 이뤄지는 업무 수행과 관련한 관리자와 상사의 지시나 명령은 문제가 없다. 그러나 문제는 정당한 지시와 그렇지 않은 지시의 구분이 모호해서, 업무 지시나 교육과 훈련이라는 이름으로 얼마든지 불필요한 고통을 강

---

73) 국가-기업 유비를 통한 정당화에 대해서는 보다 다양한 비판이 존재한다. 이에 대한 자세한 논의는 Landemore and Ferreras(2016)를 참조하자.

요할 수 있다는 점이다(류은숙·서선영·이종희 2016, 169-170). 특히, 노동자들에게 직접적으로 지시를 내릴 수 있는 권한을 지닌 고용주는 직장 내의 업무뿐만 아니라 사적인 삶에도 큰 영향을 미칠 수 있다. 이런 점에서 노동자는 고용주의 '사적 정부'에 종속되어 있다고 볼 수 있지만, 원하면 언제든 그만두고 떠날 수 있는 자유가 있다는 이유로 그러한 종속이 노동계약에 따른 자발적 합의 또는 교환의 대상인 것처럼 여겨진다(Anderson 2017, 48-61).[74]

회사 내의 위계적 관계하에서 일상적으로 자의적 권력에 노출된 노동자는 세 가지 이유에서 삶의 질이 크게 떨어지고 나아가 삶의 번영을 추구하기 어려워진다. 첫째, 자발적·비자발적으로 착취를 경험하기 때문이다. 고용주는 자신들에게 종속되어 있는 노동자들의 처지를 이용해서, 더 많은 노동을 강제적으로 추출할 수 있다. 또한 노동자는 고용주의 자의적 간섭을 덜 받거나 고용주에게 잘 보여 이를 피하기 위해, 필요 이상의 노동을 하면서 자신을 착취하는 일에 공모하게 된다. 둘째, 자신에게 언제 간섭이 일어날 것인지 예측할 수 없으므로 항상적인 불안에 시달리면서, 삶의 계획을 세울 수 있는 능력이 크게 줄어들기 때문이다. 심한 경우 스스로 삶의 목적을 세운다는 생각 자체를 포기하고 체념 속에서 자신을

---

74) 공화주의 이론이 초점을 맞추는 지배와 노동법에서 사용되는 종속은 상당 부분 공유되는 부분이 있지만, 전자는 자본/시장에 의한 노동자의 구조적 지배를 부정한다는 점에서 차이가 있다(사회의 기회구조가 행위자의 기회 집합에 영향을 준다는 점은 인정하지만, 지배는 개인이나 집단 간의 사회적 관계로 제한해서 개념화해야 한다고 본다). 구조 자체가 행위자 없이 개인이나 집단을 지배할 수 없다고 보기 때문이다. 반면, 경제적 종속은 특정한 고용관계 외적인 구조에 대한 의존성을 포함하는 개념이다. 이 두 개념의 차이에 대한 자세한 내용은 Davidov(2017)를 참조하자.

사회적으로 고립시킬 수 있다. 셋째, 노동자는 고용자 앞에서 자신을 끊임없이 낮춰야 하고, 고용주가 자신에게 무시, 치욕, 경멸을 안겨주더라도 이를 참아내야 하기 때문이다. 그 결과 자존감(self-respect)의 상실을 경험하게 된다.

이러한 점에서 회사 내의 지배를 최소화하는 것, 즉 고용주가 노동자에게 자의적으로 권력을 행사하지 못하도록 견제할 수 있는 조건을 형성하는 것은 중요하다. 기업의 의사결정에 대한 노동자의 통제권은 직장 내의 지배를 축소하고 노동자의 존엄한 삶과 고용의 질을 보장하는 수단이므로 일터 민주주의가 정당화될 수 있다. 특히 직업은 생계와 같은 기본적인 필요를 충족하는 데 있어 중요하기 때문에, 이를 유지하기 위해 직장 내에서의 지배를 일정하게 감수하는 상황이 생길 수 있다. 생계가 불안정하거나 빈곤 상태에 있을 때, 지배에 취약해질 수 있는 것이다. 이 경우, 노동자는 자신이 종속된 존재라고 생각하고, 종속됨으로써 직업의 안전을 얻는다는 생각이 팽배해진다. 또한 일자리를 잃을지 모른다는 공포 속에서 자신의 권리를 지키기 위한 목소리는 줄어든다(류은숙·서선영·이종희 2016, 172). 이 속에서 노동자들은 자신을 '임금 노예'(wage slavery)처럼 여길 수 있다.[75] 직장을 생존을 위해 자존감을 버리고 살아야 하는 공간이자 민주주의 규범을 주장할 수 없는 곳으로 바라보는 것이다(조계원 2018, 331-332).

---

75) 19세기 산업노동자 계급이 자신들의 불만을 드러내기 위해 사용된 개념이다(Pettit 1997, 31-35).

직장 내
괴롭힘과 지배

개정된 「근로기준법」에 따르면, 직장 내 괴롭힘에 대한 정의는 아래와 같다.

"제76조의2(직장 내 괴롭힘의 금지) 사용자 또는 근로자는 직장에서의 지위 또는 관계 등의 우위를 이용하여 업무상 적정범위를 넘어 다른 근로자에게 신체적·정신적 고통을 주거나 근무환경을 악화시키는 행위(이하 "직장 내 괴롭힘"이라 한다)를 하여서는 아니 된다."

이 조항에서 직장 내 괴롭힘 개념을 구성하는 주된 요소는 ① 직장에서의 지위 또는 관계 등의 우위, ② 업무상 적정범위, ③ 신체적·정신적 고통, ④ 근무환경의 악화다. 첫 번째 요소인 '직장 내의 우월적 지위'는 일반적으로 국제기구 및 서구 사회에서 직장 내 괴롭힘에 대한 정의에서는 찾아볼 수 없는데, 일본의 직장 내 괴롭힘에 대한 정의에 영향을 받은 것이다.[76] 일본은 직장 내 괴롭힘을 정신적 괴롭힘과 구분하는데, 상대를 자신에게 유리하게 활용하면서도 상처 입히는 말과 태도를 되풀이해 교묘히 정신적으로 괴롭히는 행위는 직위와 관계없이 일어날 수 있다고 보기 때문이다(노상헌 2012, 129-130). 이와 달리 직장 내 괴롭힘의 경우는 '직장 내의 우월적 지위', 즉 '위계적인 권력관계'의 작동이 괴롭힘의 침해적 영향을 형성하는 주된 요인이라고 본다.[77] 이는 차별행위와 관련된 요소를 중심으로 하는 서구 사회와 차이를 지닌다(장다혜 2018, 22). 직장 내 괴롭힘에 관한 연구가 먼저 이뤄진 유럽이나 호주의 경우, 직장 내 괴롭힘을 정의할 때 직무상의 직위와 관계없이 행위의 '반복성'과 관련 행위로 인한 노동환경 또는 정신건강의 '침해적 영향'을 중심 요소로 보고 있다. 이것은 직장 내 괴롭힘을 노동권 및 인격권 침해의 차별행위로 보고, 이를 법으로 규제하고 있기

---

76) 일본은 직장 내 괴롭힘의 일본식 명칭인 '파워 허래스먼트'(파워하라)와 관련한 분쟁이 증가하면서, 정부(후생노동성)가 대책 마련을 위해 2011년 7월 '직장 내 괴롭힘 문제에 관한 원탁회의'를 출범시켰다. 원탁회의의 위임을 받아 관련 논점을 정리하기 위해 설치된 '직장 내 괴롭힘 문제에 관한 원탁회의 워킹그룹'(노사 대표자, 전문가, 정부 참가)에서 직장 내 괴롭힘을 "같은 직장에서 일하는 자에게 직무상 지위나 인간관계와 같은 직장 내 우위를 바탕으로 업무의 적정한 범위를 넘어 정신적·신체적 고통을 주거나 업무환경을 악화시키는 행위"라고 정의했다(나이토 시노 2014, 48-49).

77) '직장 내의 우월적 지위'에 대해서는 꼭 사용자나 직위상의 상급자로 한정하지는 않았다. 선후배나 동료 간, 나아가 부하가 상사에게 하는 행위도 포함한다고 보았다(나이토 시노 2014, 49).

때문이다(장다혜 2018, 17–18).

직장 내 괴롭힘 문제를 '차별'이라는 측면에서 접근하는 것과 '위계적인 권력관계'라는 측면에서 접근하는 것은 일정하게 차이가 있다.[78] 차별은 대상이 지닌 집단적 속성을 근거로 부당한 대우를 받는 것을 의미한다. 기존의 반차별 정책에서는 젠더, 인종, 성적 지향, 종교와 정치적 신념, 나이, 장애, 민족 등을 차별의 요소로 고려해왔다(류은숙·서선영·이종희 2016, 64). 따라서 차별에 초점을 두게 되면, 차별의 근본 원인인 편견·선입견·고정관념 등이 작용해서 불리한 대우를 하는 것을 막는 데 관심을 갖게 된다. 이때 행위의 '반복성'이 중요한 이유는 그러한 행위가 고정된 편견에 의해 이뤄졌음을 보여주기 때문이다. 이와 달리 '위계적인 권력관계'는 조직구조상의 직위에 부여된 권한/권력을 자의적으로 행사하는 것—업무상의 적정범위를 넘어 행사되는 것—과 관련이 있다(일회적으로 일어날 수도 있다). 그에 따른 내용도 권력의 자의적 행사를 제한하거나 견제하는 것에 맞춰지게 된다.

한국에서 직장 내 괴롭힘 문제가 주로 '갑질' 문제로 이해되고 있다는 것은 위계적인 권력관계의 문제가 그 중심에 있다는 것을 말해준다. 실제로 2022년 직장 내 괴롭힘 실태조사 결과에 따

---

78) 물론 직장 괴롭힘 문제는 이 둘이 중첩되어 발생한다. 고용관계에서 생기는 직장 내 괴롭힘은 업무수행 과정에서 정당한 평가 기준이라고 볼 수 있는 자격, 노력, 성과 등과 관계없이 피해자에게 인권침해, 업무상의 불이익과 업무환경의 악화 등과 같은 불이익을 안겨주기 때문에 차별이라고 볼수 있고, 이러한 차별이 직장 내의 위계질서나 권력 불평등을 배경으로 일어난다는 특징을 지닌다(이수연 2018b, 111–112).

르면, 가해자의 경우 상사가 71.4%로 가장 높았으며, 그다음으로 동료 41.2%, 부하 직원 10.1%, 임원 8.8%, 사업주 7.1%, 고객 2.9%, 임원 및 사업주 등의 친인척이 1.3%였다(최홍기 2023, 56). 2017년 국가인권위원회의 직장 내 괴롭힘 실태조사 결과에서도 괴롭힘 행위자의 지위는 상급자(임원, 경영진 제외)가 42.0%, 임원 또는 경영진이 35.6%로 둘을 합치면 전체의 77.6%를 차지했다(홍성수 외 2017, 111). 즉, 직장 내 괴롭힘 문제의 대부분은 일터, 즉 기업이라고 하는 조직 내에 존재하는 위계적인 사회관계에서 발생한다고 할 수 있다.[79] 이러한 측면에서 직장 내 괴롭힘 문제를 지배 개념을 구성하는 세 가지 필요조건을 통해 살펴보는 것은 이 문제에 담긴 부정의의 속성을 더 잘 이해하는 데 도움이 된다.

첫째, 의존성이다. 노동계약은 완전 시장경제가 가정하는 것처럼 사용자와 노동자 간의 수평적인 교환이 아니다. 이러한 관계를 이탈하는 데 드는 비용이 사용자보다 노동자가 더 크기 때문이다. 노동자가 상당 기간 일했던 직장을 떠나려고 할 때는 세 가지 이탈 비용에 직면하게 된다. 첫째, 그동안 획득한 회사 내 자본의 상실이다. 회사 내에서 기술과 지식을 습득하고, 다른 동료들과 전문적

---

[79] 국가인권위원회의 연구는 이러한 특징에 초점을 맞춰 직장 내 괴롭힘을 정의하는 요소들을 다음과 같이 구체화하고 있다. "첫째, 직장 내 괴롭힘은 직장 내 위계에 기초해 발생하는 행위다. 둘째, 조직 규범의 차원에서 발생하게 된다. 셋째, 반드시 고의가 수반되는 것은 아니며, 방관하거나 부작위 등 소극적 행위를 통해서도 괴롭힘이 성립할 수 있다. 넷째, 장기간에 걸쳐 반복적으로 발생하는 경우가 많지만, 반복성, 지속성이 없는 일회적 행위로도 괴롭힘이 가능하다. 다섯째, 직장 내 괴롭힘은 그 조직적·체계적 성격 때문에 반복되고 장기화될수록 괴롭힘 양상이 진화·발전된다. 여섯째, 피해자가 도리어 보복을 당하는 등 2차 피해를 입는 경우가 많다"(홍성수 외 2017, 요약본, 33~36).

이고 인간적인 관계를 형성하는 데 드는 시간과 노력 등의 손실이다. 둘째, 새 직장을 구하는 데 드는 비용과 불확실성이다. 이것은 부양해야 할 가족이 있거나, 해당 직장이 있는 지역에서 강한 공동체적 관계를 형성하고 있을 경우에는 더 문제가 된다. 셋째, 장기간 실직 상태에 빠져서 실업자라는 낙인을 받고, 삶의 목적의식이나 자존감이 상실될 수 있는 위험성이다(Breen 2017, 428-429). 더구나 고용주는 노동자를 고용·해고함으로써 노동자의 소득을 좌우할 수 있다. 기업에서 해고되거나 퇴직함으로써 발생하는 직업 상실 비용이 클 때 노동자의 고용주에 대한 의존도가 커지고, 그만큼 고용주가 행사할 수 있는 권력도 증가한다(Bowles, Edwards, and Roosevelt 2009, 385).

직장 내 괴롭힘의 경우, 가해자의 괴롭힘에도 불구하고 피해자가 생계와 같은 자신의 기본적 이익을 지키기 위해 이를 용인하거나 감내해야 하는 조건에서 발생하는 경우가 대부분이다. 회사 내에서 누군가 자신의 지위나 권력의 우위를 이용해 신체적·정신적 침해를 안겨줄 때, 공식적인 이의제기 방식을 통해 항의할 수 있거나 보다 나은 직장으로 이직할 수 있다면 문제의 심각성은 줄어들 것이다. 그러나 최근 직장 내 괴롭힘 문제가 심각해졌다는 사실은 많은 사람이 현재의 직장을 유지해야 하므로 항의나 이탈을 선택하지 못하는 조건에 놓여 있음을 뜻한다.[80] 사회 전반적으로 직

---

80) 항의와 이탈에 대한 보다 자세한 설명은 Hirschman(1970)을 참조하자. 항의에도 비용이 수반된다. 항의로 인해 직장 내에서 불이익을 당할 수 있고, 낙인이 찍힐 수 있기 때문이다. 그 결과 원하지

업 안정성이 줄어들고, 한번 실직하면 실직을 반복하거나 이직 과정에서 소득이 대폭 줄어들 가능성이 커지면서 고용 불안이 매우 증가했다. 현재의 직장을 떠나 보다 나은 외부 대안을 선택하는 데 드는 이탈 비용[81]이 증가하게 되면, 업무 과정에서 노동자로서 존엄성을 침해당하는 경험을 하더라도 이를 받아들일 가능성이 커진다.

둘째, 사회적 권력의 불균형이다. 기업 내의 상호작용은 명령 관계를 통해 조정된다. 사용자는 고용계약에 따라 피고용자들에게 업무를 지시할 권리를 가진다. 사용자는 노동시간을 생산적 노동으로 전환시키기 위해 피고용자들에게서 노동을 추출해야 하며, 이 과정을 효과적으로 진행하기 위해 노동을 위계적으로 조직한다. 이러한 노동 추출 과정에서 관리자층이 중요한 역할을 담당하기 때문에 사용자와 피고용자의 관계는 관리자와 노동자의 관계로 나타나게 된다(Bowles, Edwards, and Roosevelt 2009, 389–391). 사용자가 지닌 노동에 대한 지휘·감독권의 행사에 맞서 노동자가 사용할 수 있는 수단은 별로 없다. 해고되지 않을 정도로만 적당히 일하는 소극적 저항이나 파업을 통한 적극적 저항이 있을 뿐이다.

일터 내에서의 불평등한 권력관계는 위계 구조에 따른 공식화된

않음에도 직장을 떠나야 하는 조건에 처할 수 있다.

81) 이때, 이탈 비용은 객관적 측면과 주관적 측면을 모두 포함한다. 현재의 사회관계와 비슷하거나 보다 나은 대안이 객관적으로 존재함에도 불구하고, 현재의 관계를 포기할 때 생기는 매몰 비용이 크다고 인식할 경우 대안을 선택하지 않을 수 있기 때문이다(Lovett 2010, 39–49).

권력 자원 이외에도 업무에서의 지식과 경험, 사적인 친분이나 관계망과 같은 비공식적 권력 자원을 통해 형성되기도 한다. 이에 기초한 괴롭힘은 은밀하게 이뤄지기 때문에 외부에서 포착하기 어렵고, 이에 따라 피해자가 가해행위의 부당성을 설명 또는 입증하기 쉽지 않다. 더구나 이러한 비공식적인 권력 행사를 조직 내에서 암묵적으로 용인할 경우, 집단적 따돌림과 같이 괴롭힘의 주체가 집단으로 확대되어 나타날 수도 있다(홍성수 외 2017, 33).

우월한 지위나 권력을 지닌 행위자는 적극적인 침해행위를 하지 않더라도, 특정한 상황을 방관하거나 아무런 조처를 하지 않는 것과 같은 소극적 행위를 통해서도 괴롭힘을 안겨줄 수 있다. 또한 지금은 권력을 행사하지 않았지만, 그/그녀의 암묵적인 요구사항을 들어주거나 따르지 않을 경우, 자신에게 언제든 실제로 불이익을 안겨줄 수 있는 권력을 지니고 있다는 사실만으로도 당사자가 원치 않는 행위를 해야 하거나 고통을 감수해야 하는 상황이 있을 수 있다. 이런 의미에서 직장 내 괴롭힘의 가해자는 피해자에게 자신의 의지—아무리 사소한 것이라 할지라도—를 부과할 수 있는 권력(impositional power)을 지닌다(MaCammon 2016, 1041). 반면, 괴롭힘을 당해야 하는 행위자는 그러한 권력에 대항할 수 있는 효과적인 물리적·법적 수단을 결여하고 있으므로, 상대방의 마음에 들어 상대가 자신에게 호의를 베풀어 줄 때만 괴롭힘을 피할 수 있다(Pettit 2019, 29).

셋째, 자의성이다. 사용자의 잠재적인 권력 행사는 관련된 당사자에게 모두 알려진 효과적인 규칙, 절차, 목적에 따라 외적으로 제한되어 있지 않다. 이는 노동계약의 불완전성에서 기인한다. 모든 사안을 사전에 계약으로 정할 수는 없으므로 필연적으로 잔여(residuals) 부분이 존재하게 된다(신은종, 2017: 15-16).[82] 그런데 기업 내에서 노동계약에 담기지 않은 잔여에 관한 결정은 사용자의 재량권에 거의 배타적으로 맡겨져 있다. 이처럼 사용자가 재량권을 사실상 독점하고 있으므로 사용자는 자신의 결정 대상이 되는 노동자의 이익과 견해를 무시할 가능성이 크다(그렇지 않다면 그것은 우연에 불과하다). 사용자는 이러한 재량권을 이용해 노동자의 근무 과정에서 부정적 경험을 늘리거나, 승진이나 교육 등의 기회를 제공하지 않거나, 회사 안팎에서 노동자가 맺고 있는 사회관계를 파괴할 수 있다(Breen 2017, 426-427).

「근로기준법」의 직장 내 괴롭힘에 관한 조항에 담긴 '업무상 적정범위'에 대한 판단은 모호할 수밖에 없다. 노동자의 입장에서는 명백하게 고통과 모욕감을 안겨주는 행위임에도 불구하고, 사용자는 이를 정당한 지휘·감독권의 행사라고 주장할 수 있기 때문이다. 정당한 이유 없는 계속된 업무 배제, 업무상 필요 없는 행위를 반복시키는 지시, 업무와 관련이 없는 시설로의 전보 명령 등을 예로 들 수 있다. 이러한 인사관리 방식은 개별 노동자에게 모욕감과 공

---

82) 상시 10인 이상 노동자를 사용하는 사용자는 노동자가 취업상 준수해야 하는 규율과 근로조건에 관한 구체적인 사항을 담은 취업규칙을 작성해서 노동부 장관에게 신고해야 한다. 그러나 취업규칙도 노동과정에서 발생하는 모든 일을 담을 수는 없다.

포를 안겨줄 뿐만 아니라 노동자 집단 전체에 불안과 공포감을 심어주어 사용자에 대한 자발적 복종을 유도한다. 그럼에도 불구하고 이러한 방식은 정당한 인사권의 형태를 띠기 때문에 직장 내 괴롭힘으로 인정받기 어려운 경우가 많다(양승엽 · 박수경 2018, 77). 더구나, 법원이 사용자의 인사 재량 권한을 관대하게 인정하고 있는 상황에서 그 한계를 명문화하지 않는 이상, 포괄적인 업무상의 지시나 인사상의 조치를 직장 내 괴롭힘으로 규율하기 쉽지 않다(홍성수 외 2017, 15). 법적 규제가 가질 수 있는 이와 같은 한계 때문에 일터 내에서 노동자가 기업 경영과 관련해 사용자의 권력을 견제 또는 통제할 수 있는 조건이 중요해진다.

이러한 세 가지 요소로 인해 일터에서 지배가 발생하게 되고, 그로 인해 발생하는 결과 중 하나가 직장 내 괴롭힘 문제라고 볼 수 있다. 이렇게 본다면, 이와 같은 지배를 최소화하는 것이 직장 내 괴롭힘을 방지하고 일터 민주주의를 실현할 방법이라고 할 수 있을 것이다.

직장 내 괴롭힘을
어떻게 방지할 것인가?

지배를 구성하는 세 가지 측면에서 직장 내 괴롭힘을 방지할 수 있는 정책적 방향을 생각해볼 수 있다(어떠한 정책이 반드시 세 가지 요소 중 하나의 측면에만 영향을 주는 것은 아니다).

첫째, 노동자의 사용자에 대한 의존성을 낮추는 것이다. 노동자들이 다른 소득의 원천을 갖게 될 때, 다시 말해 다른 직장으로 이직할 가능성이 크거나 실업 급여가 충분할 때 이탈 비용은 적어지며, 그만큼 사용자에 대한 의존도 줄어들게 된다(Bowles, Edwards, and Roosevelt 2009, 395).[83] 이러한 측면에서 무조건적 기본소득은 노동자가 기본적인 생계유지를 위해 어쩔 수 없이 일터에서의 지

---

[83] 국가의 적극적 노동시장 정책도 실직 후 구직 가능성을 높여준다는 점에서 사용자에 대한 의존성을 줄여줄 수 있다.

배를 수용해야 하는 상황을 막아줄 수 있는 대안으로 제시되어 왔다(Pettit 2007; Casassas 2007; Lovett 2019; 권정임 2016). 불확실한 미래에 대한 불안 속에서 노동자는 현재의 직장에서 괴롭힘을 감내하는 것과 실업이나 빈곤의 위험에 빠지는 암울한 선택지에 직면할 수 있다. 이런 상황에서는 노동자는 전자를 선택할 수 있는데, 이러한 선택을 이유로 이들이 자신의 존엄성을 떨어뜨리는 직무 환경에 동의했다고 말하기는 어렵다. 이 경우는 대안이 없는 상황으로 보는 것이 더 타당하다. 그렇다면, 노동자에게 더 나은 선택지를 제공해서 이들이 직면하고 있는 선택 상황을 개선하면, 일터에서의 부당한 처우에 대해 항의하거나 직장을 떠나 다른 일자리를 구하는 선택을 하기가 쉬워진다. 기본소득의 보장이 노동자들에게 나쁜 일자리를 거부할 수 있는 선택지를 제공해서 노동자들이 교섭력을 높이고, 사용자와 노동자의 권력 불균형을 보완해줄 수 있는 것이다(신은종 2017, 22).

이처럼 이탈권(right of exit)을 강화하는 것은 노동자가 사용자에게 의존하게 되는 근본적인 원인을 다루지 않으면서, 노동자의 의존성을 줄여줄 방법이다. 그러나 이탈권에 초점을 두게 되면, 한계가 있다는 비판도 존재한다. 첫 번째, 더 핵심인 기업 지배구조 문제를 도외시할 수 있다. 두 번째, 고용관계를 맺게 됨으로써 노출되는 자의적 간섭, 즉 사용자 배타적인 잔여적 통제권을 불가피한 것으로 보고 사실상 용인할 수 있다. 세 번째, 회사를 떠나는 데 드는 실제 이탈 비용을 간과할 수 있다. 그리고 저임금·저숙련 노동자의 경우에는 지배를 감소시키는 효과가 작다는 점도 지적된다(Breen 2017, 424~430). 노동자의 이탈 능력의 향상이 직장 내 괴롭힘을 줄이는 효과를 지니려면 사용자가 이에 민감하게 반응해야 하는데, 숙련 기술 노동자의 경우나 노동시장 공급이 제한적일 때에만 가능하다는 것이다. 요컨대, 이탈권을 강화하는 방법은 일터를 민주화하는 데 충분하지 않다는 것이다(Gourevitch 2016).[84] 이러한 문제의식은 두 번째 방법과 연결된다.

둘째, 사회적 권력의 불균형을 완화하기 위해 노동자의 대항력 또는 견제력을 강화하는 것이다. 사용자의 자의적인 간섭을 노동자들이 스스로 방어하거나 견제할 수 있는 권력을 강화하거나, 노동자의 권력 자원을 늘리는 접근이다. 기업 내에서 노동자의 목소리를 제도화하는 이러한 방식은 기존의 노동조합 조직화를 가로막고 있는 장애 요소들을 제거하는 것에서부터 공동결정제도와 같이 노동자의 참여를 제도화하는 것, 나아가 협동조합 등의 형태로 노동자가 회사를 직접 소유하는 것까지 다양한 형태가 가능하다 (Breen 2017, 430~438).

이와 관련해 한국에서는 근로자대표제(혹은 종업원대표제)를 재구축해서 일터 내 노동자의 이해 대변 기구를 실질화하는 것의 중요

---

84) 이러한 비판은 주로 노동 공화주의(labor republicanism) 입장을 취하는 연구자들이 제기하고 있다. 노동 공화주의는 비지배 자유의 가치를 사회경제적 영역에 적용함으로써 현대 자본주의 체제의 공화주의적 변형을 추구하는 이론적 입장이다. 이들은 생산수단의 사적 소유를 인정하면서도, 소유권의 행사를 민주적으로 통제함으로써 산업 자본주의 체제 내의 종속과 지배 문제를 해소하고자 한다(신은종 2017, 11~13). 이들은 비지배 자유를 추구한다는 점에서 (신)공화주의 연구자들과 견해를 같이하지만, 지배 개념을 사회 관계적 차원을 넘어 구조적 차원으로 확대한다는 점에서 차이가 있다.

성에 대한 논의가 진행되었다. 다양한 방안들이 있지만 근로기준법상의 근로자대표와 근참법상의 노사협의회, 또는 취업규칙의 근로자 과반수까지 통합하는 단일한 노동자 대표시스템을 구축해야 한다는 것에 공통된 의견을 보이고 있다(김기선 2017, 66).

또한 노동자가 더 대등한 위치에서 사용자와 노동조건에 대한 자치적 교섭이 가능하도록 입법적·사법적 차원에서 노동자의 단체행동권을 제약하는 요소들(노동쟁의에 대한 업무방해죄 적용 등)을 개선하고, 직장 내 괴롭힘과 관련된 사안에 노동자 이해 대변 기구가 참여할 수 있도록 보장하는 것이 필요하다. 단체교섭 또는 노사협의회에서 직장 내 괴롭힘을 예방하기 위한 협의를 진행하고, 노사 당사자 간의 의견 불일치가 있는 경우, 노동위원회가 조정 혹은 중재하도록 하는 것을 고려할 수 있다.

셋째, 우월적 지위 또는 권력의 자의성을 줄이는 것이다. 법의 지배와 공적 규제(사전적, 사후적)를 통해 일터에서 발생할 수 있는 자의적인 권력 행사를 제한하는 방법이라고 할 수 있다.[85] 취업규칙에 직장 내 괴롭힘 관련 사항이 반영되도록 집행하고, 산업안전·보건 차원에서 직장 내 괴롭힘 예방을 위한 조치기준을 마련해야 할 책임을 강화하며, 인격권의 침해 또는 침해의 위협에 대한 다양한

---

85) 이러한 전략을 일터 헌정주의(workplace constitutionalism)로 부르는 학자들도 있다(Hsieh 2005; González-Ricoy 2014). 일터 헌정주의는 법의 지배뿐만 아니라 노동자 대표를 통해 사용자의 재량권을 견제하고자 하므로 두 번째 전략도 포함한다. 일터 헌정주의는 정책 결정 과정에서 노동자의 목소리가 반영될 수 있도록 노동자의 참여를 보장하는 것에 초점을 둔다는 점에서, 기업 경영에 대한 직접적인 참여와 통제를 강조하는 일터 민주주의와 구분하기도 한다(Breen 2015, 476). 필자는 이 둘을 따로 구분하지 않고, 넓은 의미의 일터 민주주의로 보고 있다.

구제 수단을 마련하는 것 등을 예로 들 수 있다.

이때 중요한 것은 관련된 당사자들이 공통적으로 알고 있는 규칙, 절차, 목적을 통해 사회적 권력을 효과적으로 제한해야 한다는 점이다. 이를 위해서는 일터 내에서 사회적 권력이 작동되는 방식을 통제할 수 있는 효과적인 사회적 관행(사회 규범, 조정 관행, 법 등)이 있어야 한다(Lovett 2019, 122-123). 그러나 공화주의적 시각에서 볼 때, 이것이 꼭 국가의 직접적인 규제 강화를 통해서 이뤄질 필요는 없다. 국가는 일상적 사회관계에서 사적 권력의 지배를 줄여줄 수 있는 행위자이기도 하지만, 국가 권력이 행사되는 과정에서 지배를 낳을 수 있는 위험성을 지닌 행위자이기도 하다. 예를 들어, 직장 내 괴롭힘이 심각한 사업장에 대해 고용노동부가 특별근로감독을 한다고 할 때, 그 대상을 선정하고 이를 집행하는 과정이 자의적으로 이뤄진다면 그 자체로 지배를 초래할 수 있다. 이런 점에서 정부의 역할을 전제한 자율규제 방식을 적극적으로 검토하고 도입할 필요가 있다. 직장 내 괴롭힘 문제는 산업별 특성에 기인하는 측면이 있기 때문이다. 단체협약이나 자치 규범을 통해 기업 스스로 자율적으로 규제하도록 하되, 정부는 이러한 규제가 실효성을 가질 수 있도록 감독해야 한다.

지금까지 살펴본 세 가지 전략 중 어떤 것을 우선적으로 추진해야 하는지는 구체적인 맥락에 따라 다르다. 어떠한 실천이 더 적은 비용으로 더 많은 지배를 줄여줄 수 있느냐는 관점에서 전략의 우선순위를 결정할 수 있을 것이다.

4장
갑을관계와 상가 젠트리피케이션

상가건물
임대인-임차인 관계와 지배

　　상가건물 임대인-임차인 관계는 임대차 문제로 갈등을 빚던 임차인이 건물주에게 폭력적으로 대응한 '궁중족발' 사건 (2018년 6월)을 통해 갑을관계 문제로 부각되었는데, 이러한 갈등의 배경에 젠트리피케이션 현상이 자리 잡고 있다는 시각이 일반적이다(최한미 2019, 119-123). 이때 젠트리피케이션은 주로 임차인이 급격한 임대료 상승으로 내몰리는 현상을 가리킨다. 이 용어는 2010년 이후 본격적으로 사용되었는데, 2013년 6월 「도시재생 활성화 및 지원에 관한 특별법」이 제정된 이후 2014년 '한국형 도시재생 선도모델' 발굴을 목적으로 시범사업 성격의 국비 지원사업이 추진된 시기와 대략 일치한다(안지현 2018, 99-101). 도시재생 등을 통해 부동산 가치가 오름에 따라 기존 임차인이 비자발적으로 이주해야 하는 상황이 늘어나면서 이 용어가 주목받게 된 것이다. 젠트리피케이션은 1964년 영국의 사회학자 루스 글래스가 저소득 노동자들의 거주지가 중산층 지역으로 변해가는 현상을 분석하면서 처음으로 사용했다. 이 장에서는 주거 젠트리피케이션이 아니라 상업 젠트리피케이션에 초점을 맞춘다. 상가건물 임대차 관계와 젠트리피케이션에 대해서는 이미 다수의 연구가 존재한다. 그러나 주로 법학이나 도시학/도시지리학에서 연구되었고, 정치이론 차원에서 이 문제를 분석한 시도는 거의 없었다.

1장에서 살펴본 지배의 세 가지 요건을 바탕으로 상가건물 임대인-임차인 관계를 살펴보도록 하자. 상가건물 임차인은 시설비 등 많은 초기 자본을 투여해 자영업을 시작하기 때문에 가능하면 동일한 장소에서 지속해서 영업을 할 수 있길 원한다. 또한 영업활동을 하면서 생긴 단골 고객층, 거래처, 신용, 영업상의 노하우 등과 같은 유형·무형의 재산적 가치(권리금)도 있다(김경세 2021, 5). 이런 점에서 이탈 비용이 크기 때문에 임대인에게 의존도가 높다.

상가건물 임대인은 계약 갱신을 요구할 수 있는 기간[86]이 지나거나 "정당한 사유"가 있을 때 계약을 거절할 수 있고, 계약 1년 후

---

86) 2018년 개정을 통해 「상가임대차법」에서는 계약갱신요구권 행사 기간이 5년에서 10년으로 연장되었다(제10조 제2항). 그러나 부칙 제2조에서 "이 법 시행 후 최초로 체결되거나 갱신되는 임대차부터 적용한다"고 하여 그 적용 범위가 대폭 줄어들었다. 적용례를 기존 임대차로 확대할 경우 법률불소급 원칙에 위배될 가능성이 있는데, 그렇지만 계약 시기에 따라 임차인의 혜택 여부가 달라지는 형평성 문제를 해소하기 위해서라도 소급 적용해야 할 필요가 있다. 이에 대한 보다 자세한 논의는 김경세(2021, 24-25)를 참조하자.

에는 정해진 범위[87] 내에서 차임이나 보증금을 올릴 수 있다. 이러한 사회적 권력하에서 임차인은 같은 곳에서 장사하길 원해도 떠나야 하는 상황이 발생한다. 대통령령으로 정하는 환산보증금[88] 범위를 초과하는 임대차계약의 경우에는 계약갱신요구권은 인정되지만, 차임 또는 보증금 상한 규정은 적용되지 않아 임대인의 사회적 권력은 더 커진다. 「주택임대차보호법」과 달리 「상가임대차법」이 적용 범위 제한을 두고 있는 것은, 영리활동을 목적으로 하는 공간인 상가건물은 사적 자치의 원칙에 따라 규율되는 것이 원칙이고, 보증금이 큰 임차인의 경우 자력이 있을 것으로 가정할 수 있으므로 보호할 필요가 없다는 전제에 기초하고 있기 때문이다(최한미 2019, 141–144). 그러나 임대차 관계에서 임대인이 지니는 사회적 권력은 임차인의 경제력이 높아진다고 하더라도 크게 달라지지 않는다. 교섭상의 우월적 지위를 지닌 임대인의 사회적 권력에 의해 임차인의 영업적 권리와 이익이 침해될 수 있다는 사실은 변하지 않기 때문이다(최한미 2019, 143).

특히 임대인은 자신이 가진 능력을 실제로 행사하지 않고도 임차인이 선호하는 행위를 효과적으로 바꿀 수 있다. 임대인은 임차

---

87) 「상가임대차법 시행령」 제4조(차임 등 증액청구의 기준)에 따르면 "법 제11조 제1항의 규정에 의한 차임 또는 보증금의 증액청구는 청구 당시의 차임 또는 보증금의 100분의 5의 금액을 초과하지 못한다."

88) 환산보증금은 '보증금+(월세×100)'을 말한다. 2019년 4월 2일 이후 체결되거나 갱신되는 상가건물 임대차계약의 경우 서울시는 9억 원, 과밀억제권역(서울시 제외) 및 부산광역시는 6억 9천만 원, 광역시, 세종시, 파주시, 화성시, 안산시, 용인시, 김포시 및 광주시는 5억 4천만 원, 그 밖의 지역은 3억 7천만 원이다.

인이 지닌 선택지의 비용을 높이거나 낮출 수 있는 능력을 지닌다. 이를 공통으로 알고 있는 상황에서 임대인이 그러한 능력을 실제로 행사하지 않더라도 임차인은 임대인이 원하는 것을 느끼고 알아서 자신의 선호를 바꿀 수 있다. 예를 들어, 계약 갱신을 요구할 수 있는 기간이 얼마 남지 않은 임차인은 갱신 거절이라는 암울한 선택지에 직면하지 않기 위해 임차인의 눈치를 주시하면서 전략적으로 행동해야 한다. 그래서 원하지 않지만, 미리 월세나 보증금을 인상해줄 수도 있고, 임대인의 심기를 건드리지 않기 위해 자신의 정당한 권리를 포기할 수도 있다.

「상가임대차법」은 임대인이 자의적 권력을 사용하는 것을 줄이고, 임차인의 불리한 지위를 규범적으로 강화시키기 위한 목적이 있다.[89] 표면적으로는 자유로운 합의에 기초한 계약이라고 하더라도 당사자 간 교섭력의 불균형으로 인해 실질적·사실적 강제가 작용할 수밖에 없기 때문이다(최한미 2019, 156). 계약갱신요구권이 보장되는 10년간 임대인이 갱신을 거절할 수 있는 정당한 사유가 없다면 임차인은 안정적으로 영업을 할 수 있고, 임대료 인상률도 5%로 제한되므로 예측 가능성을 갖게 되었다. 또한 임대차 종료 6개월 전부터 권리금 지급을 방해하는 임대인의 행위를 금지해서,

---

89) "계약의 갱신 교섭에 있어서 임차인의 불리한 지위는, 상가건물 임대차 관계의 불공정을 가져올 위험이 있을 뿐 아니라, 상가 임차인의 경제활동을 위축시키고, 나아가 국민경제의 균형발전에 장애가 될 수도 있다. 이러한 점을 고려하여 임차인의 교섭 지위를 규범적으로 강화시킴으로써 실질적 계약 자유 내지 사적 자치 실현의 전제조건을 확보하고, 공정한 계약의 형성 내지 법적 정의의 실현을 담보하고자 하는 것 역시 상가임대차법의 주요한 입법목적이다." 헌재 2014. 3. 27. 2013헌바198.

권리금 회수 기회를 보호하고 있다(제10조의4). 이러한 조항들이 임대인이 지니는 사회적 권력의 자의성을 줄여준 것은 분명하지만, '효과적으로' 제한하고 있는지에 대해서는 의문을 제기할 수 있다. 계약갱신요구권 행사 기간이 지나면 임대인은 얼마든지 자기 뜻대로 계약을 해지하고 보증금과 차임을 제한 없이 인상할 수 있다. 계약 갱신을 거절할 수 있는 정당한 사유의 범위가 폭넓고 모호하며, 계약의 법정갱신 존속기간이 1년이어서 계약 1년 후부터 임차인은 매년 보증금이나 차임 인상을 둘러싸고 임대인의 눈치를 살펴야 한다. 권리금을 회수하는 것을 방해받지 않을 수 있는 기간이 6개월로 너무 짧으며 이마저도 임대인의 거절 사유가 너무 폭넓게 규정되어 있다. 마지막으로 철거 또는 재건축의 경우 계약 갱신 요구를 거절하고 권리금 회수를 방해할 수 있는 정당한 사유로 악용될 소지가 존재한다.

　지금까지의 논의를 토대로 상가건물 임대인-임차인 관계에서 지배가 발생하고 있다고 말할 수 있다. 이때 추가로 언급할 점은 두 가지다. 하나는 특정 지역 내의 임대인 집단의 담합 가능성이다. 임대인 A의 지배가 너무 심하다면, 임차인은 이 관계를 이탈해 다른 임대인 B, C와 임대차 관계를 맺기를 원할 것이다. 그런데 특정 지역 내에서 임대인 A, B, C가 임대료나 월세 등을 담합해서 일정 수준을 유지하고 있다면, 해당 관계에서의 이탈이라는 선택이 큰 의미가 없어진다. 그러한 선택의 전망이 엇비슷하게 암울하기 때문이다. 이런 경우에는 임대인 집단이 임차인을 지배하고 있다고 말할 수 있다(분산화된 지배). 그리고 「빈집 및 소규모주택 정비에 관한 특례법」에 따라 특정 구역 내의 건물주들이 동의하면 소규모주택정비사업(자율주택정비사업, 가로주택정비사업, 소규모재건축사업)을 진행할 수 있다. 이를 통해 계약 갱신 및 권리금 보호를 무력화할 수 있다(구본기 2018, 41). 다른 하나는 조력자로서 개업공인중개사와 국가의 역할이다. 공인중개사는 중개에 성공했을 때 중개보수를 받고, 보증금 및 월세가 높아질수록 그 수수료가 증가한다. 따라서 공인중개사 입장에서는 한 임차인이 오래 머무는 것보다, 임대료를 상승시켜 새로운 임차인이 들어오는 것이 이익이 된다(구본기 2018, 26–27). 이 경우 공인중개사가 직접적으로 임차인을 지배하는 것은 아니지만, 조력자로서 임대인의 임차인에 대한 지배를 돕거나 유도하는 역할을 한다고 볼 수 있다. 국가의 경우도 법적·제도적 공백이나 편향으로 인해 임대차 관계에서 발생하는 지배를 명시적·암묵적으로 용인하고 있다면, 조력자로 볼 수 있다.

젠트리피케이션
현상과 지배

　　　　　최근 상가건물 임대차를 둘러싼 갈등의 증가는 제도
적으로 임대인에게 유리하게 만들어진 조건 때문이기도 하지만,
도시 공간의 재편이 권력과 자원을 지닌 쪽에 유리하게 이뤄진 결
과로 볼 수 있다(신현방 2017b, 23-24). 따라서 전자와는 별도로 후자
에 대한 분석이 필요하다. 젠트리피케이션이 일어나느냐의 여부
에 따라 상가건물 임대인-임차인 관계에서 지배의 강도는 달라진
다. 젠트리피케이션이 임대인-임차인 관계에 영향을 주는 또 다른
구조적 환경이라면, 그러한 조건이 어떻게 형성되는지 이론적으로
분석할 필요가 있다.

　　젠트리피케이션은 "고정자본의 재투자를 통해 건조환경의 변화
가 이뤄지고, 이에 동반해 기존 토지사용자가 더 높은 사회경제적

지위를 가진 신규 이용자에 의해 대체되는 과정"(Clark 2005, 263[신현방 2017a, 220에서 번역 재인용])으로 정의할 수 있다. 낙후된 지역을 재활성해서 인구 유입을 유도하고 지역 내 경제활동을 촉진하는 긍정적인 측면과 기존 거주자를 해당 지역 밖으로 몰아내는 부정적 측면을 모두 포함한다(정은아 2019, 172-173). 한국에서 이 용어는 2010년 이후에 활발하게 사용되었는데, 뉴타운사업과 같은 전면 철거 후 재개발 방식의 대규모 도시개발사업의 사업성이 줄어드는 시점이었다는 점이 역설적이다. 즉 2000년대 초반까지 이뤄졌던 주거지 젠트리피케이션이 아니라 국지적·선택적 개별자본의 이해가 반영된 상업 젠트리피케이션이 늘어나면서 이 용어가 부상했다는 것이다(신현방 2017a, 217). 여기에 중앙 정부와 지방자치단체가 주도하는 도시재생사업이 결합되면서 정부 정책이 젠트리피케이션을 유도하고 있다는 비판이 제기되었다.

말했지만, 젠트리피케이션은 상가건물 임대인-임차인 사이의 지배를 강화하는 요인으로 작용한다. 젠트리피케이션이 임대료 인상과 축출 압력을 강화시키기 때문이다. 이런 점에서 젠트리피케이션은 현재의 거주자들에겐 '재난'처럼 다가온다. 코로나19와 같은 자연 재난도 임차인의 취약성을 강화시키는 요인으로 작용하지만, 코로나19와 젠트리피케이션은 행위자의 유무에서 차이가 있다(Putnam 2021, 175). 그래서 코로나19로 인한 취약성을 줄이는 것과 젠트리피케이션으로 인한 취약성을 줄이는 것은 그 의미가 다르다. 전자와 같은 자연 재난은 '불운'에 의한 것임에도, 그러한 재난 위험에 대한 부담이 임차인에게 불평등하게 전가된다는 점에서 문제가 된다(천병주·김제완 2021, 194-200). 이는 자연 재난의 부수적 효과로 볼 수 있으므로, 지배의 취약성을 증가시키지만, 자연이 임차인을 지배한다고 볼 수는 없다. 이와 달리 젠트리피케이션은 이를 발생시키는 집합적 행위자들(gentrifier)—건물주, 부동산 중개업자, 건설회사, 투자자 등의 개발 연합—이 존재하고, 이들이 현재의 거주자들—상가 임차인, 문화·예술인, 주거세입자 등—을 지배한다고 볼 수 있다.

젠트리피케이션 유발 집단(이하 '유발 집단')은 다양한 행위자로 구성되어 있고, 단일한 집단적 행위자로 행동하지는 않는다. 그러나 개발을 통해 잠재적 지대[90]를 극대화하려는 공동의 의도를 가지고 행동한다는 점에서 집합적 행위자로 볼 수 있다. 유발 집단은 지역 상권 내에서 투자 가치가 높은 곳을 주시하고 있고, 현재의 거주자들은 이들의 존재를 의식하고 있다는 점에서 사회적 관계를 맺고 있다.[91] 현재의 거주자들은 다른 곳으로 이주해야만 이들과의 사회관계에서 이탈할 수 있는데, 이주를 원하지 않기에 유발 집단에 의존한다. 이들은 해당 지역 내 전반적인 부동산 가격과 임대료를

90) 현재의 토지 사용에서 발생하는 지대를 '실현된 지대'라고 하고, 토지의 효율과 이익을 극대화했을 때 얻을 수 있는 지대를 '잠재적 지대'라고 한다. 이 둘 사이의 격차가 클 때 젠트리피케이션이 일어날 수 있는 물리적 조건이 형성된다. 그러나 이러한 조건이 충족된다고 해서 모두 젠트리피케이션이 일어나는 것은 아니다(신현방 2017a, 221).

91) 더구나 부동산 시장은 상품이 개별적이고, 시장의 수요와 공급이 적으며, 진입장벽이 존재하고, 정보가 불완전하다는 점에서 대표적인 불완전경쟁시장이다. 부동산 시장의 불완전성과 자산 불평등은 권력의 불평등을 낳는 구조적 환경이라고 할 수 있다.

상승시켜 현재의 거주자들을 축출할 수 있는 사회적 권력을 가지고 있고, 이러한 권력은 사실상 제한되지 않고 있다.

이러한 지배 관계는 해당 지역을 기반으로 삶을 영위하는 현재 거주자들에게 불안을 일으켜 삶의 질을 떨어뜨린다. 자기 삶에 대해 자율적으로 합당한 계획을 세우고 이를 성취하는 것을 가로막기 때문이다(Lovett 2019, 155). 자신의 의지에 따라 원하는 바를 할 수 있는 자유는 자신만의 고유한 삶을 살아가는 데 있어 중요하다. 그런데 현재 거주자들은 미래의 삶이 유발 집단에 의해 좌우되므로 축소된 삶의 계획을 갖게 된다. 현재 거주자들은 상권이 나아지길 원하면서도, 동시에 그로 인해 자신들이 쫓겨날 수 있다는 불안감을 안고 유발 집단을 의식하면서 지내야 하는 것이다.

젠트리피케이션이 일어나는 지역에서 유·무형 자산가치가 상승한 것은 기존 지역주민, 문화·예술인, 상인, 지자체가 공동으로 노력한 결과물이다. 문제는 이렇게 지역사회 구성원들이 함께 만들어낸 가치가 대부분 유발 집단에 귀속되고, 현재 거주자들은 오히려 해당 지역에서 내몰리게 된다는 점이다. 이는 유발 집단이 현재 거주자가 처한 불리한 상황을 이용해 지역의 자산가치 상승으로 인한 이익을 부당하게 전유하는 것이라고 볼 수 있다(이정훈 외 2019, 5-6).

쇠퇴한 원도심을 활성화하기 위한 도시재생사업은 기존 도시개발사업의 한계와 부작용에 대한 문제의식에서 출발했으며, 노후하거나 쇠퇴한 지역의 공간에 대한 물리적 환경 개선을 넘어 지역을 사회·경제·문화적으로 재활성화하고 도시의 장소성을 확보해서 종합적인 발전을 추구한다(오영삼 · 김수영 · 정혜진 2019, 111-112). 그러나 이러한 원도심 활성화 정책이 오히려 해당 지역의 부동산 가격 및 임대료 상승의 요인으로 작용해서, 정부/관 주도 젠트리피케이션을 낳기도 한다(신현방 2017b, 26). 이처럼 유발 집단의 지대추구 욕구를 제어하지 못한다면, 다른 형태의 소규모 재개발에 대한 기대를 불러일으켜 현재 거주자에 대한 지배를 증가시키는 문제를 낳을 수 있다.

젠트리피케이션을 자본축적의 역동적 전개 과정에 따른 도시공간의 재편으로 바라본다면, 이는 자본에 의한 '구조적 지배'로 분석할 수도 있다. 젠트리피케이션의 핵심적 동인은 지대격차이고, 탈산업화로 자본축적 활동이 이윤율 저하에 직면하는 시점에서 도심의 근린 지역사회가 자본의 투자 대상으로 변모했다는 것이다(조명래 2016, 53-54). 이와 달리 여기에서는 젠트리피케이션을 유발하는 집단의 욕구와 동기에 초점을 맞춰 분석을 진행했다. 지대추구라는 목적은 다양한 행위자들과의 상호작용과 제도적 조건 속에서 추구되므로 이들 간의 사회적 관계와 이것에 영향을 주는 요인들을 분석할 때 보다 맥락적인 설명이 가능하기 때문이다. 대안 측면에서도 지배를 줄일 수 있는 보다 다양한 전략들을 고려할 수 있다는 장점도 있다. 젠트리피케이션 현상을 모두 자본의 지배로 설명하면, 그 정도의 차이와 발생하는 동학의 차이를 기술하기 어렵다. 또한 규범적 측면에서는 지배의 주체가 자신의 행위에 대한 도덕적 책임을 자본주의 구조의 탓으로 돌리면서, 이를 바꾸기 위한 자신의 의무를 미룰 수 있다.

그러나 사회적 관계에서의 지배로 포착할 수 없는 구조적 취약성이 존재할 수 있음을 부정하는 것은 아니다. 부동산 소유권에 대한 집착, 단기 자본수익을 중심으로 한 부동산 시장과 금융시장 등은 상가건물 임대인-임차인, 유발 집단-현재 거주자의 사회적 관계에서의 지배를 악화시키는 요인으로 작용하고 있다. 다만 이를 지배 개념의 범주에 포함해 개념화하게 되면 이 개념이 과도하게 확장되어 분석적 가치를 상실할 위험성이 있으므로 다른 개념을 통해 별도로 분석하는 것이 바람직하다.

상가 젠트리피케이션을
어떻게 방지할 것인가?

앞에서 살펴본 것처럼 젠트리피케이션 현상이 초래하는 축출과 같은 문제는 상가건물 임대인-임차인 관계에서의 지배와 유발 집단-현재 거주자 관계에서의 지배가 중첩되어 나타난 것이다. 그렇다면 각각의 관계에서 지배를 최소화할 방안을 살펴보도록 하자.

상가건물 임대인-임차인 관계에서 임차인의 의존을 낮춰 지배를 줄이는 방법으로는 공공임대상가를 공급하는 것을 들 수 있다. 공공임대상가는 공익 목적을 위해 청년·경력단절 여성, 영세소상공인, 사회적 기업·협동조합 등을 대상으로 임대 상가를 공급 또는 지원하는 것을 말한다(하승호·안정근 2019, 2-4). 지역 내에 공공임대상가가 늘어나면 임차인의 입장에서는 이탈이라는 선택지를 실제로 선택할 수 있어서 발언권이 강화된다. 그러나 그 규모가 크지 않으면, 효과가 미미하다는 한계가 있다. 자영업으로 유입되는 인구를 줄여 임차인의 수요를 줄이는 것도 장기적으로 의존을 낮추는 방법이다(김상철 2017, 206). 임차인의 수요가 늘어난다면 임대인 입장에서는 이탈 비용이 더 낮아지고, 자신이 지닌 사회적 권력을 실제로 행사할 유인이 증가하게 된다.

임대인-임차인 간의 권력 불균형을 완화하는 방법으로는 계약 갱신 시 임대인에게 정당한 사유가 없으면 갱신을 거절하지 못하도록 규정해서 직접적인 존속을 보장하고, 임차인 퇴거 시 퇴거 보상을 하도록 하는 것이 있다. 퇴거 보상은 임차 목적물을 반환해서 상실된 영업이익, 권리금 등을 종합적으로 평가한 금액으로, 임대차계약이 종료한 경우 임대인에게 청구하는 것이다. 영국, 프랑스, 일본은 상가 임차인을 보호하기 위해 정도는 다르지만 이러한 제도들을 두고 있다(김경세 2021, 20-21).

마지막으로 자의성을 줄이는 방법으로는 새로운 임대차계약에 따라 차임 및 보증금을 증액할 때도 직전 임대차계약의 일정 비율 이상 증액하지 못하도록 규제하는 것과 재건축 시 우선 입주권을 부여하거나 퇴거 보상료를 지급하도록 하는 것을 들 수 있다(최한미 2019, 135-137). 오히려 임차인의 지위를 약화시키는 독소조항과 입법적 공백을 보완하는 것도 자의성을 줄여준다(김경세 2021, 31-42). 지자체 차원에서 추진되고 있는 건물주-임차인-지자체 간 '상생 협약'은 건물주의 '선의'에 기대는 것으로 이들의 자의적 권력을 외적으로 제한하는 것이 아니기 때문에 지배를 줄여준다고 보기는 어렵다. 상생 협약은 법적 구속력은 없지만, 임대료 안정에 일부 효과를 보였다(김예성 2019, 10). 하지만 상가 임대인의 임대 수입 손실분을 벌충할 수 있는 유인이 충분히 제공되지 않는 상황에서 임대인의 의사는 얼마든지 바뀔 가능성이 존재한다.

상가건물 임대인-임차인 관계에서 지배를 줄이는 조치는 젠트리피케이션 유발 집단-현재 거주자 관계에서의 지배를 줄이는 효과를 지닌다. 그러나 해당 지역의 자산가치 상승을 기대한 투자나 자본의 유입을 막지 못한다면 그러한 효과는 한계가 있을 수밖에 없다. 유발 집단이 지니는 권력은 주로 건물주의 재산권 행사에서 나온다. 그렇다면 재산권 행사를 통한 지대추구 욕구를 감소시키는 정책은 일정하게 의존이나 권력 불평등을 줄여주는 효과를 지닌다. 상가 담보대출과 재건축 및 상가매매 조건을 강화하거나, 프랜차이즈 입점 시 상가 영향 평가를 하도록 하는 것을 예로 들 수 있다(김상철 2017, 207-208). 나아가 도시재생 등을 통해 상승한 자산가치를 지역사회가 공유할 방안을 제도화하는 것이 필요하다. 가령 지역주민, 정부, 기업 등이 참여하는 협동조합이나 신탁형 도시재생 회사와 같은 지역자산 관리 조직을 설립하고, 지역 가치상승분 일부를 '지역 공유자산 기금'으로 출연해 지역 공동체 구성원에게 분배하는 것을 예로 들 수 있다(이정훈 외 2019, 12-18; 유기현 2021).

◆ 나가는 말 ◆

  롤스 이후 사회정의론은 소득이나 부와 같은 물질적 재화의 공정한 분배를 둘러싸고 분배의 목적과 이유(왜 분배해야 하는가?), 분배의 대상(무엇을 분배할 것인가?), 분배의 방법(어떻게 분배할 것인가) 등에 관한 정교하고 복잡한 이론을 발전시켜왔다. 그러나 분배에 초점을 맞추는 분배적 평등 이론은 지배, 억압, 차별, 혐오처럼 사회관계에서 발생하는 불평등에 주목하지 못한다는 비판을 받았다. 재분배를 통해 일정하게 분배적 평등이 실현되더라도, 사회적 관계의 불평등이 존재한다면 그 사회는 평등하다고 볼 수 없기 때문이다. 지속해서 복지정책이 발전되어 왔음에도 불구하고, 지배와 차별, 혐오에 대한 비판의 목소리가 커지고 있는 현재 상황은 이를 반영한다.

  공화주의와 같은 관계적 평등 이론은 사회적 관계의 불평등을 해소해서 사회구성원들이 평등한 존재로 상호작용하도록 함으로써 '평등한 존재들의 사회'(society of equals)를 실현하는 것을 목표로 한다. 물질적인 불평등이 선택의 자유를 축소하기는 하지만, 지배가 초래하는 선택의 자유에 대한 침해보다는 그 강도가 약하기 때문에 사회정의 측면에서 후자의 문제에 먼저 집중할 필요가 있다고 보는 것이다. 예를 들면, 대기업(원청업체)과 중소기업(하청업체) 사이의 하도급 관계에서 이들 간의 시장지배력의 격차를 줄이는 것은 단기간에 실현되기 어렵다. 그러나 '납품단가 후려치기'와 같은 지배 행위를 제도적으로 막아 상호적인 관계를 형성하는 것은 상대적으로 용이하다. 대기업 중심의 시장 구조를 바꾸기 어렵다는 점을 고려한다면, 시장 내의 비대칭적 힘이 교환 과정에서 지배를 초래하지 않도록 규제하는 것이 더 현실적인 대안이 될 수 있다. 또한 한국은 국민소득 수준에 비해 담세율이 낮은 실정인데도 조세에 대한 심리적 저항이 크다. 이런 상황에서는 증세를 통한 직접적인 재분배 정책을 우선시하기보다 시민들의 삶의 영역에서 지배의 문제를 줄여나감으로써 공적 제도에 대한 신뢰성을 높이고, 이를 토대로 재분배를 추진해나가는 것이 바람직하다.

최근의 공화주의에 관한 관심의 증가는 계약론에 기초한 자유주의적 시각에 대한 불만과 연결되어 있다. 롤스를 비롯해서 이러한 전통의 연구자들은 계약론적 시각이 다원주의적 사회 속에서 살아가는 이성적 사람들이 동의할 수 있는 공정한 협력체계의 불편부당한 토대가 될 수 있다고 주장한다. 그러나 이러한 입장은 공동체주의, 페미니즘, 숙의 민주주의, 다문화주의 이론 등의 연구자로부터 많은 비판을 받아왔다. 그뿐만 아니라 계약론에 기초한 자유주의는 학문 외적인 영역에서도 자유 지상주의에 대응할 수 있는 효과적인 대안이 되지 못하고 있다. 신자유주의적 경제체제에서 발생하는 빈곤이나 불평등 문제를 해결하기 위한 재분배 정책을 옹호하는 데 어려움을 겪고 있는 것이다. 마르크스주의나 사회주의가 진지하게 고려되던 시기에는 자유주의가 온건한 진보적 중도로 기능할 수 있었지만, 급진 이론이 붕괴된 상황에서는 그렇지 않다. 이런 상황에서 대안으로 공화주의가 주목받고 있다. 그렇다고 해서 공화주의 이론이 만능은 아니며, 공화주의 이론의 문제의식이 적절한 영역이 있고, 그렇지 않은 영역이 있다. 갑을관계 문제가 그러한 영역의 사례다.

　기존의 정치이론 연구는 현실에 대한 문제의식을 담고 있음에도 불구하고 지나치게 추상적이고 현실과 동떨어져 있다는 비판이 제기되어 왔다. 또한 정치이론 연구는 경험적 연구와 구분되는 것으로 여겨지는 경향도 강했다. 우리에게 필요한 것은 "지금 여기에서의 정의"(Walzer 2007, 68)다. 필자는 규범적 정치이론이 현실에 대한 경험적·정책적 연구와 결합될 수 있음을 보여줌으로써 사회문제 해결을 위한 실천적 방향성을 제시하고자 했다. 갑을관계 속에서 불안을 겪고 있는 사람들이 자신의 상황을 이해하는 데 이 책이 조금이라도 도움이 되길 바란다.

참고문헌

국내 문헌

고미선. 2000. "대의제 민주주의의 보완책으로서 작업장 민주주의에 관한 연구."『동향과 전망』 45: 271–284.

곽준혁. 2010.『경계와 편견을 넘어서: 우리 시대 정치철학자들과의 대화』. 파주: 한길사.

구병모. 2015.『그것이 나만은 아니기를』. 서울: 문학과지성사.

구본기. 2018.『표백의 도시』. 서울: 유음.

권오성. 2018. "'직장 내 괴롭힘' 관련 개정법(안)에 대한 평가와 향후의 과제."『노동법포럼』 25: 93–122.

권오승. 2019.『경제법』(제13판). 파주: 법문사.

권정임. 2016. "신공화주의 기본소득론의 비판과 변형: 공유경제와 민주주의를 중심으로."『시대와 철학』 27(3): 7–52.

김건식 · 원세범. 2018.『거래상 지위남용 규제의 필요성 및 개선방안』(KOFAIR 연구보고서). 서울: 한국공정거래조정원.

김경세. 2021. "상가권리금 회수기회 보호를 위한 상가건물임대차보호법 개선방안."『법학논총』 49: 1–51.

김경희. 2007. "서구 민주공화주의의 기원과 전개."『정신문화연구』 30(1): 113–139.

김기선. 2017. "대안적 근로대대표제 모색: 근로자대표제도의 개편방향."『월간 노동리뷰』 8월호: 63–71.

김남국. 2019.『문화와 민주주의』. 서울: 이학사.

김상철. 2017. "왜 정부의 임차상인 보호정책은 실패하는가: 투기를 부추기는 임차상인 대책 평가." 신현방 편.『안티 젠트리피케이션 무엇을 할 것인가』, 175–209. 파주: 동녘.

김성돈. 2017. 『형법총론』(제5판). 서울: 성균관대학교 출판부.

김성돈. 2019. "형법상 위력개념의 해석과 업무상 위력간음죄의 위력." 『형사정책연구』 30(1): 123–155.

김예성. 2019. "젠트리피케이션(상가 내몰림) 대응정책 평가와 개선과제." 『NARS 현안분석』 79: 1–13.

김재윤. 2016. "경제민주화와 (노동)형법: 쟁의행위에 대한 위력업무방해죄 적용의 문제점과 입법론적 개선방안을 중심으로." 『입법과 정책』 8(1): 239–264.

김종운 외. 2023. "디지털 플랫폼 자율규제의 의의와 전망." 『연세법학』 43: 113–150.

김현경. 2015. 『사람, 장소, 환대』. 서울: 문학과지성사.

김희강. 2016. 『규범적 정책분석』. 서울: 박영사.

김차동. 2023. "현행 징벌적 손해배상의 내용, 특징 및 문제점과 그 개선방향." 『법학논총』 40(1): 83–130.

나이토 시노. 2014. "일본의 직장 내 괴롭힘." 『국제노동브리프』 9월호: 39–50.

도재형. 2010. "파업과 업무방해죄: 한국에서 단결 금지 법리의 정립 과정." 『노동법학』 34: 63–107.

도재형. 2012. "업무방해죄 전원합의체 판결의 의의와 과제: 후속 판결례에 대한 분석을 중심으로." 『노동법연구』 33: 433–473.

류은숙 · 서선영 · 이종희. 2016. 『일터괴롭힘, 사냥감이 된 사람들』. 서울: 코난북스.

문준혁. 2016. "직장 내 폭력으로부터 근로자 보호: 산재보험법과 산업안전보건법을 중심으로." 『사회보장법연구』 5(2): 207–236.

박미영. 2018. "온라인 플랫폼 규제를 위한 플랫폼 작용의 이해 필요성." 『유통법연구』 5(2): 111–141.

박의경. 2014. "참여민주주의의 지속가능성에 대한 고찰: 일상의 민주주의를 위하여." 『민주주의와 인권』 14(1): 145–190.

박주영 · 김주현. 2019. "프랜차이즈 계약서의 구속조항이 가맹본부 및 가맹점의 성과에 미치는 영향." 『프랜차이징저널』 5(1): 76–98.

박해광. 2007. "산업민주주의와 경영참여: 이론적 재검토." 『민주주의와 인권』 7(1): 123–145.

송강직. 2018. "단체행동의 무력화와 해소 방안." 『민주법학』 66: 45–75.

송덕수. 2020. 『신민법강의』(제13판). 서울: 박영사.

송영섭. 2019. "손배가압류에 대한 발상의 전환, 그리고 제도개선." 손잡고, 고려대학교 일반대학원 보건과학과 김승섭 교수 연구팀, 심리치유센터 와락 주최 손배가압류 피해노동자 실태조사결과발표회(1월 24일) 자료집(〈갚을 수 없는 돈, 돌아오지 않는 동료〉).

신은종. 2017. "노동공화주의의 이론적 성과와 한계." 『산업노동연구』 23(3): 1–39.

신현방. 2017a. "투기적 도시화, 젠트리피케이션, 도시권." 서울연구원 편. 『희망의 도시』,

218–243. 파주: 한울엠플러스.

신현방. 2017b. "안티 젠트리피케이션, 무엇을 할 것인가?" 신현방 편. 『안티 젠트리피케이션 무엇을 할 것인가』, 15–36. 파주: 동녘.

안지현. 2018. "한국의 젠트리피케이션 이슈에 대한 의미연결망분석: 2007년부터 2018년까지의 국내 웹 뉴스 자료를 중심으로." 『한국지역개발학회지』 30(4): 85–112.

양승엽 · 박수경. 2018. "직장괴롭힘과 경영 · 인사관리의 한계: 노동 인격에 대한 존중." 『산업관계연구』 28(2): 77–102.

오영삼 · 김수영 · 정혜진. 2019. "도시재생사업의 탐색을 통한 쇠퇴지역 내 지역주민의 거주문제와 삶의 질 증대의 모색." 『보건사회연구』 39(1): 108–135.

오현철. 2014. "왈저의 직장민주주의론: 비판과 반론을 중심으로." 『시민사회와 NGO』 12(2): 151–190.

유기현. 2021. "도시 커먼즈(Urban Commons)의 실현의 한계 및 가능성." 『공공사회연구』 11(1): 216–247.

윤정숙 외. 2017. 『가정 내 폭력범죄 감소 및 예방을 위한 사회안전망 강화에 관한 연구』. 서울: 한국형사정책연구원.

이병준. 2017. "약관규제법에 대한 입법평가." 『입법평가연구』 11: 209–238.

이봉철. 2013. "서구자유주의 권리이론 속 '甲乙패러다임.'" 『OUGHTOPIA』 28(2): 37–71.

이상명. 2019. "유책배우자의 이혼청구: 대법원 2015. 9. 15. 선고 2013므568 판결을 중심으로." 『법학논총』 36(3): 153–174.

이수연. 2018a. "직장 괴롭힘 입법안의 쟁점과 과제." 『사회법연구』 34: 57–115.

이수연. 2018b. "직장 괴롭힘의 개념과 판단기준에 관한 판례법리." 『이화젠더법학』 10(2): 109–143.

이승민. 2021. "온라인 플랫폼에 대한 합리적 규제 방안." 『행정법연구』 64: 127–156.

이정훈 · 신기동 · 한지혜 · 조현진. 2019. "젠트리피케이션 대안: 지역자산의 공유재화." 『경기연구원 이슈 & 진단』 371: 1–22.

이종한. 2016. 『규제집행체계 개선방안 연구: 산업안전 분야를 중심으로』(KIPA 연구보고서 2016–11). 서울: 한국행정연구원.

임종률. 2018. 『노동법』(제16판). 서울: 박영사.

장다혜. 2018. "한국사회에서 직장 괴롭힘의 법적 개념 구성과 분쟁해결절차에 대한 고찰." 『아세아여성법학』 21: 13–48.

장영욱. 2023. "남민 유입의 사회경제적 영향과 정책 과제." 『Global Issue Brief』 9: 31–40.

정민경 · 임현. 2018. "규제에 있어 정부의 역할: 게임물등급분류제도를 중심으로." 『정부학연구』 24(2): 155–194.

정병덕. 2019. "공정거래법상의 3배 배상제도에 관한 연구." 『법학논총』 43(2): 373–400.

정한울 · 조계원. 2019. "한국 사회의 '갑질' 문화에 대한 경험적 연구: 〈갑질 및 갑을관계에 대한 인식 조사〉(2018) 결과를 중심으로." 『한국정치학회보』 53(1): 225–248.

조계원. 2018. "'땅콩회항' 사건에 나타난 세 가지 분노와 사회관계: 지위–권력의 불평등을 중심으로." 『경제와 사회』 118: 306–338.

조계원. 2019a. "'갑질'과 사회불평등." 권혁용 외 저. 『여론으로 본 한국사회의 불평등』, 67–87. 서울: 매일경제신문사.

조계원. 2019b. "'갑을' 관계와 분노: 마사 누스바움의 감정 이론을 중심으로." 『인문과학연구』 37: 177–198.

조명래. 2016. "젠트리피케이션의 올바른 이해와 접근." 『부동산 포커스』 98: 49–61.

천병주 · 김제완. 2021. "코로나19 특별재난에서 상가임대차에 관한 '임대료 멈춤법'의 법리적 근거: 임대차계약에서 위험의 부담과 담보법리에 대한 재조명." 『비교사법』 28(1): 177–237.

최한미. 2019. "임대료 규제의 정당성과 계약법의 역할: 젠트리피케이션을 중심으로." 『민주법학』 70: 117–165.

최홍기. 2023. "직장 내 괴롭힘 금지제도의 실태와 발전 과제: 시행 3주년 실태조사 결과를 소재로 하여." 『사회법연구』 49: 37–93.

최희선. 2017. 『기본소득 보장인가, 일자리 보장인가』. 세종: 산업연구원.

하승호 · 안정근. 2019. "공공임대상가 활성화를 위한 운영방안 연구." 『주거환경』 17(4): 1–13.

홍성수 외. 2017. 『직장 내 괴롭힘 실태조사』. 서울: 국가인권위원회.

외국 문헌

Anderson, Elizabeth. 2017. *Private Government*. Princeton: Princeton University Press.

Arnold, Samuel and John R. Harris. 2017. "What is Arbitrary Power?" *Journal of Political Power* 10(1): 55-70.

Bieri, Peter 저·문항심 역. 2014. 『삶의 격: 존엄성을 지키며 살아가는 방법』. 서울: 은행나무.

Bowles, Samuel, Richard Edwards, and Frank Roosevelt 저·최정규·최민식·이강국 역. 2009. 『자본주의 이해하기』. 후마니타스.

Breen, Keith. 2015. "Freedom, Republicanism, and Workplace Democracy." *Critical Review of International Social and Political Philosophy* 18(4). pp.470-485.

Breen, Keith. 2017. "Non-Domination, Workplace Republicanism, and the

Justification of Worker Voice and Control." *International Journal of Comparative Labour Law and Industrial Relations* 33(3): 419-440.

Casassas, David. 2007. "Basic Income and the Republican Ideal: Rethinking Material Independence in Contemporary Societies." *Basic Income Studies* 2(2). Art 9.

Clark, Eric. 2005. "The Order and Simplicity of Gentrification: A Political Challenge." Rowland Atkinson and Gary Bridge eds. *Gentrification in a Global Context: The New Urban Colonialism*, 261-269. New York: Routledge.

Dagger, Richard. 2006. "Neo-republicanism and the Civic Economy." *Politics, Philosophy, and Economics* 5(2): 151-73.

Dahl, Robert A. 1957. "The Concept of Power." *Behavioral Science* 2(3): 201-215.

Dahl, Robert A.저·배관표 역. 2011[1985]. 『경제 민주주의에 관하여』. 서울: 후마니타스.

Davidov, Guy. 2017. "Subordination vs Domination: Exploring the Differences." *International Journal of Comparative Labour Law and Industrial Relations* 33(3): 365-390.

Frankfurt, Harry. 1988. "Coercion and Moral Responsibility." in *The Importance of What We Care About*, 26-46. Cambridge: Cambridge University Press.

Gädeke, Dorthea. 2020. "Does a Mugger Dominate? Episodic Power and the Structural Dimension of Domination." *The Journal of Political Philosophy* 28(2): 199-221.

González-Ricoy, Iñigo. 2014. "The Republican Case for Workplace Democracy." *Social Theory and Practice* 40(2): 232-254.

Gourevitch, Alex. 2011. "Labor and Republican Liberty." *Constellations* 18(3): 431-454.

Gourevitch, Alex. 2016. "The Limit of a Basic Income: Means and Ends of Workplace Democracy." *Basic Income Studies* 11(1): 17-28.

Hamilton, Alexander, James Madison, and John Jay 저·박찬표 역. 2019[1788]. 『페더럴리스트』. 서울: 후마니타스.

Hirschman, Albert O . 1970. *Exit, Voice, and Loyalty*. Cambridge: Harvard University Press.

Hsieh, Nien-hê. 2005. "Rawlsian Justice and Workplace Democracy." *Social Theory and Practice* 31(1): 115-142.

Krause, Sharon R. "Beyond Non-domination: Agency, Inequality and the Meaning of Freedom." *Philosophy and Social Criticism* 39(2): 187-208.

Landemore, Hélène and Isabelle Ferreras. 2016. "In Defense of Workplace Democracy: Towards a Justification of the Firm-State Analogy." *Political Theory* 44(1): 53-81.

Lansbury, Russel. 2009. "Workplace Democracy and the Global Financial Crisis." *Journal of Industrial Relations* 51(5): 599-616.

List, Christian and Philip Pettit. 2011. *Group Agency: The Possibility, Design, and Status of Corporate Agents*. Oxford: Oxford University Press.

Lovett, Frank 저·조계원 역. 2019[2010]. 『지배와 정의에 관한 일반이론』. 서울: 박영사.

Lukes, Steven. 2005[1974]. *Power*. New York: Palgrave Macmillan.

Machiavelli, Niccolò 저·곽차섭 역. 2015. 『군주론』. 서울: 길.

McBride, Cillian. 2015. "Freedom as Non-domination: Radicalisation or Retreat?" *Critical Review of International Social and Political Philosophy* 18(4): 349-374.

McCammon, Christopher. 2015. "Domination: A Rethinking." *Ethics* 125: 1028-1052.

McCammon, Christopher. 2018. "Domination." *Stanford Encyclopedia of Philosophy*. https://plato.stanford.edu/archives/win2018/entries/domination.

Montesquieu. 1989. T*he Spirit of the Laws*. ed. by Anne M. Cohler, Basia C. Miller, and Harold S. Stone. Cambridge: Cambridge University Press.

Nussbaum, Martha C. 저·강동혁 역. 2018. 『분노와 용서: 적개심, 아량, 정의』. 서울: 뿌리와이파리.

Pateman, Carole. 1970. *Participation and Democratic Theory*. Cambridge: Cambridge University Press.

Pettit, Philip 저·곽준혁·윤채영 역. 2019[2014]. 『왜 다시 자유인가: 공화주의와 비지배 자유』. 파주: 한길사.

Pettit, Philip. 1997. *Republicanism: A Theory of Freedom and Government*. Oxford: Oxford University Press.

Pettit, Philip. 2006. "Freedom in the Market." *Politics, Philosophy, and Economics* 5(2): 131-149.

Pettit, Philip. 2007. "A Republican Right to Basic Income?" *Basic Income Studies* 2(2). Art 10.

Pettit, Philip. 2012. *On the People's Terms: A Republican Theory and Model of Democracy*. Cambridge: Cambridge University Press.

Putnam, Daniel. 2021. "Gentrification and Domination." *The Journal of Political Philosophy* 29(2), 167-187.

Rousseau, Jean-Jacques 저·김영욱 역. 2018. 『사회계약론』. 서울: 후마니타스.

Walzer, Michael. 2007. *Thinking Politically: Essays in Political Theory*. New Haven: Yale University Press.

Young, Iris M. 2006. "Taking the Basic Structure Seriously." *Perspectives on Politics* 4(1): 91-97.

이 저서는 2017년 대한민국 교육부와 한국연구재단의
한국사회과학연구(NRF—2017S1A3A2066657)의 지원을 받아 수행한 연구임.

정치연구총서 05

갑을관계의 정의론
공화주의적 관점

제1판 1쇄 2024년 2월 28일

지은이   조계원
펴낸이   장세린
편집   배성분, 박을진
디자인   장세영

펴낸곳   (주)버니온더문
등록   2019년 10월 4일(제2020-000051호)
주소   서울특별시 용산구 청파로93길 47
홈페이지 http://bunnyonthemoon.kr
SNS   https://www.instagram.com/bunny201910/
전화   010-3747-0594 팩스 050-5091-0594
이메일   bunny201910@gmail.com

ISBN   979-11-93671-02-3 (94340)
ISBN   979-11-980477-3-1 (세트)